영가천도

우룡스님 지음

효림

영가천도

초 판 1쇄 펴낸날 1999년 7월 15일 (초판 16쇄 발행)
개정판 1쇄 펴낸날 2013년 7월 8일
       8쇄 펴낸날 2024년 5월 16일

지은이 우룡스님
엮은이 김현준
펴낸이 김연지
펴낸곳 효림출판사

등록일 1992년 1월 13일 (제2-1305호)
주 소 서울시 서초구 반포대로14길 30, 907호 (서초동, 센츄리 I)
전 화 02-582-6612, 587-6612
팩 스 02-586-9078
이메일 hyorim@nate.com

값 6,000원

ⓒ 효림출판사. 1999
ISBN 978-89-85295-82-6 03220

잘못 만들어진 책은 바꿔 드립니다.
이 책은 저작권법에 따라 보호를 받는 저작물이므로 무단전재와 무단복제를 금지합니다.

서 문

영가의 세계는 우리의 눈에 보이지 않는다. 그러므로 많은 이들이 영가의 천도에 대해 등한시하거나 무심하게 지내버린다. 그러나 영가의 장애는 뜻밖에도 많이 일어나고 있다. 보이지 않는 영가 때문에 고통을 받거나, 노력은 노력대로 하면서 잘 풀리지 않는 경우를 많이 접하게 되는 것이다.

물론 영가천도가 깨달음의 종교인 불교의 근본 가르침은 아니다. 그러나 복과 덕과 지혜가 모자라는 중생들에게 있어 영가천도는 또 하나의 방편이 되지 않을 수 없다.

부처님의 근본 가르침에서 보면 천도법을 이야기하는 것이 뱀에게 발을 달아주는 격이지만, 그 천도를 효성이 깃든 마음으로 임하고 정성을 다해 봉행하면, 그 자체가 깨달음의 길로 이어질 수 있는 것이다.

또한 갈 길을 잃어 방황하는 영가를 좋은 세상으로 인도하는 것은 어찌 보면 '나'와 내 주변을 다스리는 아주 중요한 수행이 될 수도 있다.
　이 책은 영가천도의 방법을 제대로 몰라 불안과 장애 속에서 살아가고 있는 이들에게 다소나마 도움이 되었으면 하는 마음으로 집필하였다. '뱀에게 발을 달아주는 필요없는 짓'이라 생각하면서도 굳이 쓰게 된 까닭을 십분 이해해주기를 바라면서, 주변의 영가를 잘 천도하여 큰 공덕을 이루기를 깊이깊이 축원드린다.

불기 2543년　단오
경주 남산 어느 끝자락에서
雨龍

차 례 / 영·가·천·도

서 문 …… 5

I 죽음 뒤의 세상

- 죽음과 불생불멸 … 9
- 죽음 다음의 현실 … 15
- 죽으면 맺힌 것만 남는다 … 23

II 영가가 깃드는 사람

- 영가, 어디에 있는가 … 35
- 원한과 사랑의 영가 … 39
- 귀신을 불러들이는 사람 … 44
- 천도의 능력이 있는 이를 찾는 영가 … 50

III 영가천도의 기본자세

- 효심으로 정성을 다하라 … 58
- 직접 천도하는 자세를 지녀라 … 65
- 장애를 극복하며 끝까지 하라 … 70

차례 / 영·가·천·도

IV 여러 가지 천도법

- 염불천도念佛薦度 … 80
- 독경천도讀經薦度 … 91
- 사경천도寫經薦度 … 96

V 사십구재

- 사십구재四十九齋란 … 103
- 상주의 정성과 천도 … 109
- 유가족에게 당부드리는 세 가지 … 117
- 재를 집전하는 스님들께 드리는 당부 … 123

VI 낙태아와 무주고혼 천도

- 낙태아 영가 … 129
- 태중영가 천도 … 135
- 무주고혼과 수륙재 … 141
- 정성껏 마음을 모아 … 149

Ⅰ. 죽음 뒤의 세상

죽음과 불생불멸

우리가 살고 있는 이 사바세계의 교주이신 석가모니 부처님. 부처님께서는 그 좋은 태자의 자리를 헌신짝처럼 내버리고 큰 도를 이루기 위해 출가하셨다.

왜? 그토록 행복을 누리며 살았던 태자께서 무엇이 부족하여 출가하신 것인가?

그분은 마음속 깊은 곳에 맺힌, 도저히 풀리지 않는 그 무엇이 있었기 때문에 출가하셨다. 그것이 무엇이었던가? 아무리 잘 살아도 '늙는다' 는 것이다. 아무리 호화스럽게 지내도 '죽는다' 는 것이다.

'이 세상의 황금덩어리가 모두 나에게 주어지고 명

예와 권력이 쏟아져 들어온다 해도 나는 결국 늙고 죽는다. 늙고 죽는 나에게 그 모든 것이 무슨 소용이 있으리.'

싯다르타 태자의 마음속에는 '늙고 죽는다' 는 문제가 칼날처럼 꽂혀 있었던 것이다. 마침내 태자는 호화스러운 왕좌와 아름다운 부인과 귀여운 아들을 모두 버리고 죽음이 없는 도를 찾아 출가를 하셨다. 그리고 피나는 수련을 통하여 그 문제를 해결하셨다. 곧 '안 죽는다〔不死〕' 는 도리를 깨달은 것이다.

정녕 죽음이 무엇인가? 우리는 죽음을 끝이요 소멸이라고 생각한다. 그러나 알고 보면 죽음은 끝도 소멸도 아니다. 완전히 없어지는 것이 아니라 잠깐 이동하여 자취를 감춘 것에 불과하다. 육체라는 물건을 통하여 보고 듣고 움직이던 '그 무엇' 이 육체를 떠나 숨어버린 것을 죽는다고 할 뿐, 실지로는 '죽는 것이 아니다〔不死〕' 는 것이다.

그래서 부처님께서는 열반의 그날까지 불생불멸(不生不滅)의 도리를 설파하셨고, 그래도 깨닫지 못하는 중생들을 위해 열반에 드시고서도 두 발을 관 밖으로 내어 보이셨다.

❀

　석가모니부처님께서 쿠시나가라의 사라쌍수(紗羅雙樹)아래에서 열반에 드시자 사부대중이 힘을 모아 부처님의 몸을 금으로 만든 관에 안치하고 다시 구리로 덧관을 만들어 모셔두었다. 부처님의 맏제자인 가섭존자(迦葉尊者)가 먼 곳으로 가 있었기 때문에, 그가 돌아와 다비식을 거행할 것을 모두 기다리고 있었던 것이다.

　부처님께서 열반에 드신 뒤 7일만에 가섭존자는 도착하였고, 가섭존자는 부처님을 모셔놓은 관 주위를 세 바퀴 돌았다. 그러자 부처님께서 그 두꺼운 관 밖으로 두 발을 내어 보이셨고, 이에 가섭존자가 정중히 예배를 올렸다.

§

　열반에 드신 지 이미 7일이나 지났거늘, 왜 부처님께서는 관 밖으로 두 발을 내어 보이신 것일까? 분명히 죽었다면 완전히 끝이 나야 하는데…. 부처님께서는 두 발을 내어 보여 불사(不死)를 천명하신 것이다. 안 죽는다는 것을 깨우쳐 주신 것이다.

더욱이 이와 같은 일은 부처님 당시에만 있었던 것이 아니다. 그 뒤에도 많은 선지식들이 불사(不死)의 도리를 보여주셨다. 중국 선종의 초조 달마대사(達磨大師)도 그러했고 신라의 고승인 혜숙(惠宿) 스님도 그러하였으며, 약 40년 전의 금포(金包) 스님도 그러하였다.

 근대의 고승인 금포스님이 입적(入寂)하시기 3년 전, 범어사 수좌였던 화엄(華嚴)스님은 선산 대운사로 금포 노스님을 찾아갔다. 그때 금포스님은 화엄스님에게 질문하였다.
 "석가모니부처님께서는 가섭존자에게 세 곳에서 세 번 법을 전하였지. 화엄스님은 그것을 알고 계신가?"
 "예. 중인도 비사리성의 다자탑(多子塔) 앞에서 설법을 하시다가 늦게 도착한 가섭존자에게 앉으셨던 자리를 나누어 두 분이 함께 앉으신 것이 하나요, 영산회상에서 부처님이 꽃 한 송이를 들어 보이시자 가섭존자가 빙그레 웃은 것이 그 둘이며, 사라쌍수에서 열반에 드신 후 7일 만에 도착한 가섭존자에게 두 발을 내어 보이신 것이 세 번째입니다."

"법은 한 곳에서 한 번만 전달해도 충분한데, 왜 부처님께서는 세 곳에서 세 번이나 법을 전하였는가? 한번 일러보시게."

화엄스님은 답을 하지 못하였고, 그 질문은 하나의 큰 충격이 되어 머릿속을 떠나지 않았다. 그날 이후, 화엄스님은 3년 동안을 밤낮없이 몰아쳐서 마침내 답을 얻었다.

"됐다. 이제 금포노스님께로 가서 빚을 갚자."

답을 얻은 화엄스님은 환희심을 품고 금포스님을 찾았지만, 노스님은 입적하신 지 이미 3일이 지나 있었다. 하지만 화엄스님은 그냥 발걸음을 돌릴 수가 없었다. 3년 전의 충격과 3년 동안의 공부가 너무나 컸기 때문에, 죽은 시신이라도 보아야겠다며 억지를 써서 시신과 대면하게 되었다. 금포스님은 눈을 뜬 채로 앉아 계셨고, 화엄스님은 그 앞에 앉아 말하였다.

"스님, 3년 전에 제게 질문을 주셨듯이, 지금 다시 한 말씀 하십시오."

그러자 3일 전에 죽은 금포스님의 시신이 오른쪽 주먹을 들었다.

화엄스님은 다시 말하였다.

"방법을 바꾸어 한 마디 더 하십시오."

이에 금포스님은 또다시 오른쪽 주먹을 들어 보이셨다.

8

분명히 죽은 지 3일 된 시신이 질문이 끝나기가 무섭게 오른쪽 주먹을 두 번 들었으니, 죽었다고 해야 하는가? 살았다고 해야 하는가? 이러한 불사(不死)의 도리는 부처님이나 달마대사, 금포스님 같은 분들께만 해당되는 이야기가 아니다. 우리들 또한 모두가 불사(不死)의 테두리 속에 있지만, 욕심과 분노와 눈앞의 일에 대한 집착에 빠져 우리들 누구나가 지니고 있는 '안 죽는' 그 자리를 잊고 사는 것이다.

우리의 부처님께서는 '안 죽는다, 죽는 것이란 없다'는 것을 체험하신 다음, '죽는다' 는 것이 중생의 망상에 불과하다는 것을 설파하셨다. 인연 따라 생겨난 모든 것은 인연이 다하면 없어지기 마련이지만, 참된 '나' 는 생겨나지 않았기에 멸하지 않고 태어난 것이 아니기에 죽지 않는다고 말씀하셨다.

실로 불교인은 스스로에게 죽지 않는 참된 '나' 가 있음을 깨달아, 그 참된 '나' 의 주춧돌 위에서 살아야 한다.

"'나'는 영원히 죽지 않는다."

이것이 확실히 믿어져야 부처님의 모습을 또렷이 볼 수 있고 부처님의 공덕과 고마움을 알 수 있게 되며, 일상생활이 더할 수 없이 즐겁고 행복하고 흔들림 없이 유지될 수 있는 것이다.

죽음 다음의 현실

이제 '죽지 않는다'는 명제 아래 죽은 다음에 발생하는 그릇된 삶에 대해 논하여 보자.

우리는 흔히 지금 살고 있는 곳을 이 세상이라 하고 죽은 다음에 있게 될 곳을 저 세상이라고 한다. 그리고 이 세상과 저 세상은 다른 곳이라고 생각한다. 그러나 다시 한번 생각해 보라. 이 세상도 내가 살고 저 세상도 내가 사는 곳이다.

때가 되면 새 옷으로 바꾸어 입듯이, 이 세상은 헌옷 입은 내가 사는 곳이요 저 세상은 새 옷 입은 내가 사는 곳이다. 이 세상도 저 세상도 그 불사의 '나'가 현재로서 사는 곳이다. 과거나 미래가 아니라 오직 현재로서 살아갈 뿐이다. 그러므로 불자들은 현재의 지금 이 자리에서 열반(涅槃, Nirvāṇa)의 삶을 살고자 노력해야 한다.

열반의 원어인 니르바나는 '불(vāna)이 꺼진 상태(Nir)'라는 뜻이다. 그 불은 어떠한 불인가? 탐욕과 분노와 어리석음이 활활 타오르는 번뇌의 불이다. 그 불길에 사로잡혀 있는 이상, 우리는 잘 살 수가 없다. 완전히 태우며 사는 것이 아니라 앙금과 그을음을 남기며 살아가게 된다.

누구든 지금 이 자리에서 참으로 잘 살고자 하면, 번뇌가 아닌 향상(向上)의 원(願) 속에서 삶을 완전히 태워 뒤끝을 남기지 않아야 한다. 그런데 완전히 태우는 삶을 살지 못하고 탐욕과 분노와 어리석음 속에서 죽음을 맞으면, 새로운 현재에서 새 옷을 입지 못하고 지난 생의 테두리와 끄나풀에 결박되어 헌옷을 입은 채 살아가게 된다.

물질을 탐착했던 사람은 죽어서도 그 물질에 빠져 헤어나지 못하고, 사랑에 너무 집착하면 그 사랑을 떠나가지 못한다. 분노의 마음 또한 마찬가지이다. 살아 있을 때는 '내 자식 · 내 남편 · 내 아내' 하면서 서로의 잘잘못을 가슴속으로 삭이며 살아가지만, 숨이 끊어져 영(靈)이 몸뚱아리와 떨어지면 '내 자식 · 내 남편' 이라는 생각은 순식간에 사라지고, 살아생전 가슴에 맺혔던 괘씸한 생각과 섭섭한 생각만이 남아서 그 당사자와 부딪히게 된다.

결코 '나' 는 그렇지 않을 것 같지만 바로 이것이 죽음 다음의 현실이다. 이와 관련하여 실제로 있었던 몇 가지 예를 살펴보자.

부산에 살았던 최씨(崔氏) 할아버지는 주위 사람들로부터 '왕구두쇠' 로 알려진 분이었다. 젊은 시절부터 먹고 싶은 음식이 있어도 참고, 입고 싶은 옷이 있어도 사 입지 않았으며, 차 한 잔 · 술 한 잔 마시는 돈이 아까워 친구들조차도 만나지 않았다. 그렇게 평생을 산 결과, 늘그막에는 10억이 넘는 돈을 모으게 되었다.

그러나 돈을 모으기만 할 뿐 쓸 줄 모르는 것이 버릇이 되어 마땅히 돈을 써야 할 데에도 쓰지 않았다. 허름한 주택에 남루한 행색, 반찬 없는 밥이 최씨 노인의 모습이었고, 동시에 아내와 자식들조차 가난을 강요당하며 살았다.

한번은 사업을 하던 아들이 부도를 막기 위해 아버지께 며칠만 돈을 빌려줄 것을 힘들게 청하였다. 그러자 아버지는 버럭 화를 내며 말하였다.

"이놈아, 내 돈이 어떤 돈인지 모르느냐? 배고플 때 허리띠를 졸라매고 추울 때 벌벌 떨면서 모은 돈이다. 그런데 너는 어떻게 했느냐? 네가 번 돈이라며 마음대로 써 놓고 부도 직전이라며 내 돈을 빌려달라고 해? 이놈아, 차라리 부도를 맞아라. 부도를 맞아!"

아들은 아버지를 너무나 잘 알고 있었으므로 섭섭한 마음조차 갖지 않고 발걸음을 돌렸다. 그 뒤 몇 년이 흘러 노인은 심장병으로 숨을 거두었고, 유족들은 그분을 위해 49재를 올려드렸다. 그런데 법사스님이 앉아 법문을 해야 할 법상 위에 시커먼 구렁이가 자리를 차지하고 앉아 있는 것이었다.

8

이는 약 1990년경 부산의 조그마한 암자에서 있었던 일이다. 너무나 돈을 아꼈던 최씨 할아버지는 살아생전 자신이 모은 돈에 대한 집착 때문에 좋은 세상으로 떠나지 못하고 업신(業身)인 먹구렁이가 되고 말았다.

  돈은 잘 사는데 필요한 것이다. 그러므로 절약은 하되 필요할 때 돈을 쓸 줄 알아야 하고, 특히 다른 이를 살리는 일에는 기꺼이 쓸 줄 알아야 한다. 하지만 최씨 할아버지는 돈에 대한 집착에 얽매여 돈의 노예가 되어 살았고, 결국 스스로를 구렁이로 만들어버렸다.

  살아서나 숨이 끊어진 그 순간, 그리고 죽은 다음에도 여전히 자신이 모은 돈에 대한 집착을 놓지 못하였기 때문에 구렁이로 남을 수밖에 없었던 것이다.

  그러므로 아무리 소중한 것이라 할지라도 몸을 바꿀 때는 생각을 잘 정리하여 기꺼이 놓고 갈 줄 알아야 한다. 물질에 대한 지나친 집착은 병을 만들고 바르게 나아갈 길을 막아버린다. 반대로 기꺼이 놓고 가면 새로운 빛의 길이 열린다. 생각 따라 현실이 바뀌는 것이다.

  또 한 가지, 못 다한 사랑의 이야기를 해보자.

  일미(一味) 스님께서 1960년대에 거창군 서상면 덕유산 영각사 주지로 계실 때 경험한 일이다. 당시 서상면의 한 청년이 실성을 하여 밤낮없이 산과 들을 누비고 다녔다. 스님이 마을사람들에게 까닭을 물었더니 '자살한 누나 귀신이 붙어 저렇게 되었다'며 자세한 사연을 들려주었다.

누나와 남동생은 어려서부터 매우 다정하였을 뿐 아니라 잠시도 떨어지려 하지 않았다. 남동생이 일하면 누나가 거들고, 누나가 심부름을 가면 남동생도 따라가는 등 어찌나 정답게 지내는지 온 동네 사람이 입을 모아 말하였다.

"저 집 남매는 칼로 베어 갈라놓으려 해도 안 된다."

그러나 누나도 동생도 점점 자라 결혼할 나이가 되었고, 집안에서 혼사를 서두르자 '남동생 이외에는 어떤 남자와도 살지 않겠다'고 맹세하던 누나가 자살을 해버렸다. 누나는 남동생을 동생이 아닌 이성으로 생각하고 남동생과 함께 살기를 간절히 원하였지만, 현실이 용납하지 않아 자살을 한 것이었다.

귀신이 된 누나는 매일매일 남동생을 찾아와 뽀뽀를 요구하고 육체관계를 요구했다. 그리고 밤이나 낮이나 가릴 것 없이 자기의 생각대로 남동생을 끌고 다녔다. 그런데 묘한 것은, 험하디 험한 덕유산을 밤새도록 헤매다 돌아오는데도 아스팔트길을 거닐다가 온 것처럼 손등 발등에 긁힌 자국 하나 없고, 옷도 집을 나설 때 와 다름이 없다는 것이었다.

또한 남동생은 정신이 돌아올 때마다 헛소리처럼 말 하였다.

"싫어 싫어. 누나가 자꾸 뽀뽀하자고 해. 어떻게 누 나하고 뽀뽀를 해? 나는 싫어. 누나와 뽀뽀하기 싫어."

"누나가 나하고 같이 자자고 해. 어떻게 동생이 누나 와 같이 자? 싫어 싫어, 나는 싫어."

하지만 누나 귀신이 와서 붙으면 속수무책으로 당하 고 말 뿐이었다.

이러한 사실을 알게 된 일미스님은 그 착하고 가난한 집안 사람들을 위해 천도재를 지내주고자 하였다. 그 런데 7일 기도 끝에 음식을 차려 놓고 마지막 천도재를 지내던 스님은 참으로 힘든 경우에 처하고 말았다.

갑자기 제사상에 차려 놓은 음식 그릇이 마구잡이로 뛰고 제멋대로 춤을 추는 것이었다. 누나 귀신의 '못 간다'는 반항의 표시였다. 그리고 마지막에 가서는 향 로와 다기와 촛대와 굴러 떨어지면서 향로의 재가 쏟 아지고 다기의 물이 법당 바닥을 적셨다. 마치 살아있 는 사람이 향로와 다기를 손으로 쳐서 넘어뜨린 듯하여 등골이 오싹하였지만 일미스님은 잘 마무리를 하였고, 그 결과 남동생은 완전히 본 정신으로 돌아올 수 있게 되었다.

한 가지 이야기를 더 곁들인다면, 당시 영각사에는 어느 정도 신기(神氣)가 있는 보살이 공양주로 있었다. 그 공양주는 스님이 재를 지내는 동안 신장들이 여자귀신을 법당 밖으로 끌어내려 하고 여자귀신은 법당에서 나오지 않으려고 악을 쓰며 버티다가, 결국은 신장들에게 끌려 절 밖으로 나가는 모습을 보았다고 한다.

§

사랑은 좋은 것이다. 이 세상에서 사랑 그 자체를 나쁘다고 할 사람은 아무도 없다. 그러나 이 이야기 속의 누나처럼 못 다한 사랑의 집념을 품고 죽으면 사랑하는 사람을 못살게 구는 귀신이 되어버린다. 내가 사랑하는 사람이니까 언제나 함께 해야 되고 '나'의 것이 되어야만 한다는 애착이 지나치면, 오히려 상대를 괴롭히게 되는 것이다.

진실로 서로가 사랑하는 사이라면 서로를 살릴 수 있어야 한다. 하지만 이 누나 귀신은 자신의 못 다한 애욕을 풀기 위해 그토록 사랑했던 동생을 말할 수 없는 고통의 나락 속으로 몰고 갔고, 자신 또한 신장들에게 잡혀 어디론가 끌려가는 신세가 되고 말았다. 결국 서로를 살리는 사랑이 아니라 서로를 죽이는 사랑을 하고 만 것이다.

사랑을 소중히 여기고 일평생을 사랑 속에서 사는 우리는 잘 명심해야 한다. 사랑에 대한 우리의 잘못된 애착, 잘못된 소원, 잘못된 생각이 죽어서까지 남을 괴롭히는 귀신이 되어 더한 업을 쌓게 만들고, 떠도는 영가가 되어 '나' 자신을 복된 삶의 길로 나아가지 못하게 만들어버린다는 것을….

죽으면 맺힌 것만 남는다

이제 가슴속에 접고 사는 응어리에 대해 함께 새겨보자. 앞에서 살펴본 살아생전의 집착과 잘못된 사랑의 집념도 무섭지만, 더 무서운 결과를 초래하는 것은 쌓이는 응어리를 복수심으로 바꾸어 가슴속 깊이 간직하는 경우이다. 먼저 한 편의 이야기부터 하고자 한다.

조계종 총무원장을 역임했던 고산스님이 서울 조계사의 주지로 계실 때 경험했던 일이다. 지금은 돌아가셨지만, 당시 조계사 신도의 한사람으로서 불사가 있을 때마다 시주를 많이 하는 50대의 부인이 있었다. 어느 날 그 부인이 고산스님께 전화를 하여 울면서 애원하였다.

"스님, 제 딸이 죽어가고 있어요. 제발 빨리 와주세요."

고산스님은 택시를 타고 급히 그 집으로 가서 현관 유리문을 통하여 집안을 살펴보았다. 딸은 쓰러져 있고 부인은 안절부절못하고 있었다. 그런데 육십 가량 된 남자가 쓰러져 있는 딸의 배 위에 걸터앉아 두 손으로 딸의 목을 조르고 있는 것이 보였다.

매우 다급한 상황임을 느낀 고산스님이 현관문을 열고 들어가 크게 헛기침을 하자, 그 남자가 딸의 배 위에서 슬쩍 내려앉았다. 고산스님은 그 앞에 앉아 기억하고 있던 진언들을 총동원하여 외웠고, 그렇게 30분 가량이 지나자 남자의 모습이 보이지 않는 것이었다.

'틀림없이 원결(怨結)이 있음이로구나.'

이렇게 확신한 고산스님은 부인에게 물었다.

"보살님, 어떤 남자와 원수 맺은 일이 있습니까?"

"원수라니요? 그런 일 없습니다."

딸에게도 같은 질문을 하였으나 역시 '없다'는 것이었다. 스님은 조계사로 돌아와 그 부인의 친구 되는 보살들에게 물었다.

"그 친구는 통이 커서 다른 사람들에게 잘합니다. 원한을 살 일이 없지요. 다만 한 사람, 착하고 부드럽기 짝이 없었던 남편에게만은 '병신'이라는 욕도 서슴지 않았습니다. 밖에서 마음 상하는 일이 있으면 집에 돌아가 모두 남편에게 퍼붓고…."

성격이 남자 이상으로 활달했던 그 부인은 장사와 부동산 투기를 통하여 많은 돈을 만졌다. 그러나 부인과 정반대의 성격을 지녔던 남편은 착하고 어질기만 할 뿐 활동적이지 못하였다.

무능한 남편이 되어 아내에게 얹혀살자 부인은 차츰 남편을 무시하기 시작하였고, 마침내는 어질고 착한 남편의 성품까지 그대로 받아들이지 않고 바보요 병신처럼 여기게 되었다. 자연, 부인은 남편을 끊임없이 구박하였고, 욕설과 모독은 물론이요 때로는 남편을 집

밖으로 내쫓기까지 하였다.

해가 가면 갈수록 부인의 패악이 심하여지자, 처음에는 자신의 무능 때문으로 받아들이며 살았던 착한 남편의 마음속에도 아내에 대한 응어리가 쌓이기 시작했고, 결국은 복수심을 품게 되었다.

그들 부부는 아들 없이 두 딸만 두었는데, 남편은 두 딸을 결혼시킨 다음 오십대 후반의 나이로 자살을 하였다. 부인이 49재를 지내주기는 하였지만, 복수의 칼날만을 우뚝 세우고 있는 남편이었기에 천도가 될 까닭이 없었다.

'요년! 이제는 내가 복수할 차례다.'

49재가 끝나자 남편의 복수극은 시작되었고, 그 첫 번째 결행으로 큰딸을 죽이고자 하였던 것이다. 자식들이라면 사족을 못쓰는 아내의 가슴에 못을 박기 위해서였다.

아버지의 영(靈)이 큰딸에게 붙자 딸은 음식도 먹지 못하고 잠도 자지 못하고 바짝바짝 말라만 갔다. 그리고 누군가가 목을 조르는 듯한 느낌 속에서 숨을 제대로 쉴 수가 없었다. 부인이 큰딸을 데리고 전국의 유명한 병원을 모조리 찾아다녔지만, 한결같이 '특별한 병이 없다'는 말만 들려줄 뿐이었다.

　이상과 같은 전후사정을 모두 알게 된 고산스님은 부인을 불러 물었다.

　"보살님, 영감님에게 잘못한 것이 있지요? 무릎 꿇고 참회해 보십시오. 모든 일이 원만히 해결될 것입니다."

　"스님, 무슨 말씀을 그렇게 하십니까? 그 무능하고 바보스런 남편 때문에 내가 희생되었지, 그 사람이 손해본 것이 무엇입니까? 한평생을 희생한 것만도 억울한데, 왜 제가 그 사람에게 무릎을 꿇습니까? 저는 못합니다."

　얼마 후 큰딸은 죽었고, 조계사에서 49재를 지냈다. 49재 끝에 고산스님이 조계사 탑 옆의 회나무가 있는 자리에 재를 지낸 음식을 놓고 옷도 태우러 갔더니, 그 남자가 나무 밑에 서서 삿대질을 하며 소리를 치는 것이었다.

　"제삼자인 당신이 왜 이 일에 개입하여 이래라 저래라 하는거요? 당신이 끼어들면 내가 보복을 하지 않고 그만둘 것 같소? 천만에! 당신은 더 이상 간섭하지 마시오."

　너무나 독하게 퍼붓는 남자의 서슬에 고산스님의 등

에서는 식은땀이 흘러내렸다고 한다. 그리고 또 얼마 지나지 않아 미국으로 이민가서 살았던 둘째딸이 언니와 똑같은 상황 속에서 죽고 말았다. 병원에 가면 병이 없다고 하는데 바짝바짝 마르고 목이 조이는 고통을 느끼며 죽은 것이다.

두 딸을 모두 잃은 부인은 세상살이에 대한 의욕을 상실하고 전국의 선방을 찾아다니다가 쌍계사로 갔다. 때마침 고산스님은 조계사 주지를 그만두고 쌍계사 주지를 맡고 있을 때였다.

"어떻게 오셨습니까?"

"여름 한 철을 쌍계사 선방에서 지내고자 하여 왔습니다."

"영감님 원결을 풀어주지 않아 두 딸까지 죽여놓고 잘못조차 깨닫지 못하면서 참선은 무슨 참선? 왜 영감님의 원결은 풀어줄 생각을 않습니까? 보살님이 살아 있을 때는 몰라도 숨이 딱 끊어지면 바로 영감님이 달려들어 '요년, 맛 좀 봐라' 며 쪼아붙일텐데…."

"스님, 정말 그럴까요?"

"절에 다니면서 인과 이야기를 많이도 들은 사람이 그 생각도 못합니까?"

"스님, 제가 어떻게 해야 합니까?"

"선방 수행 대신, 법당에 남편 위패를 모셔 놓고 백일 동안 지장기도를 하십시오. 법당에 예불하러 들어가도 부처님전에 절하고는 영감님 위패를 향해 잘못했다고 절을 하고, 기도를 할 때는 영감님 위패를 향해 참회하고 염불하십시오."

유난히 더웠던 그 해 여름, 그날부터 부인은 2시간씩 하루 네 차례 지장보살을 부르며 남편의 위패 앞에서 참회와 천도의 백일기도를 올렸다.

"제가 어리석고 몰랐습니다. 잘못했습니다. 용서하고 좋은 나라로 가십시오."

༄

이 이야기 속의 남편은 살아생전 자신을 학대한 아내의 가슴에 못을 치기 위해 딸부터 목을 졸라 죽여버렸다. 아내에게 복수를 하기 위해 사랑했던 두 딸을 죽여버렸던 것이다. 왜 그랬을까?

딸에게 직접적인 원한이 있어 죽인 것이 아니었다. 아내에 대한 복수만을 생각하며 죽은 남편의 눈에는 이미 딸이 딸로써 존재하지 않았다. 그냥 하나의 도구일 뿐이었다. 아내를 괴롭히고 아내로 인해 쌓인 응어리를 풀기 위해서는 아내에게 슬픔을 안겨주어야 하고, 그 최상의 방법이 아내가 가장 아끼는 딸을 죽이는 것임을 알았기 때문에 두 딸을 죽인 것이다.

 이토록 원결은 무서운 것이다. 부모·자식·부부 등 가깝고 특별한 인연이 있는 사람에게는 흔히들 '나' 편한 대로 하여도 좋다고 생각하지만, 그토록 편한 사이라도 응어리가 맺히면 인정사정이 없는 사이로 바뀌고 만다.

 살아있을 때는 마음속에 응어리가 맺히더라도 체면도 갖추고 도리도 생각하면서 스스로를 억제하지만, 숨이 떨어지면 그 즉시 응어리가 남는다. 영혼이 육체를 떠나가는 그 순간부터 체면도 인정도 모두 사라지고 마음 속 깊이 담아두었던 섭섭한 생각, 괘씸한 생각, 못 다한 미련 등의 응어리만이 남고, 그 응어리가 산 기운이 되어 영가를 움직이게 만든다.

 따라서 그 응어리를 해결할 때까지는 갈 곳을 가지 못하는 영가로 남지 않을 수 없다. 맺힌 응어리가 다할 때까지 갈 길을 잃은 영가가 되어 주위 사람을 해치고 복수를 하는 것이다.

 물론 죽음 다음의 세상은 많다. 윤회를 완전히 벗어

나는 극락세계도 있고 갖은 복을 누리며 사는 천상계도 있으며, 다시 인간 세상에 태어나기도 한다. 또 죄업의 무게에 따라 각종 지옥에 떨어져 고통을 받기도 하고 축생의 몸을 받기도 하며 떠도는 영가인 귀신이 되기도 한다.

이 가운데 당장 살아있는 사람들에게 시련을 주고 힘들게 하는 존재는 우리가 '귀신'이라고 칭하는 영가들이다. 이러한 영가에 대해서는 단순히 49재를 올려준다고 하여 천도가 되는 것이 아니다.

정녕 잘 떠나지 못하고 이 세상 주위를 맴도는 영가들은 원한·사랑·재물·권력 등 살아생전에 맺은 응어리와 미련 덩어리를 현실로 삼는 존재들이다. 그러므로 정성을 다해 응어리를 풀어주고, 그 응어리나 미련의 모순됨을 바른 법으로 깨우쳐 주어야만 천도될 수가 있다.

그럼 어떻게 하여야 영가의 맺힌 응어리를 풀어주고 잘 천도시킬 수 있는가? 그 비결은 '나'가 먼저 푸는데 있다. 무엇보다도 인과의 당사자가 먼저 마음을 풀어야 한다. 앞의 이야기에서처럼, 딸의 죽음을 눈앞에 두고서도 '나는 참회하지 못한다'고 하는 이상에는 어떠한 실마리도 찾을 수가 없다. 오히려 불행만 더할 뿐이다. 결국 부인은 두 딸을 모두 잃고 참선공부를 한답시고 떠돌다가, 고산스님의 교화를 입어 백일기도를 함으로써 남편을 천도할 수 있었다.

"제가 어리석고 몰랐습니다. 잘못했습니다. 용서하고 좋은 나라로 가십시오."

이렇듯 '나'의 잘못을 뉘우치고 풀고자 할 때 영가도 응어리를 풀게 되는 것이다. 가만히 주위를 살펴보면 영가의 장애 때문에 힘들게 사는 사람이 참으로 많다. 까닭 없이 현실이 잘 풀리지 않고 시련이 끊이지 않는 경우의 반은 영가의 장애 때문이다. 이러한 일이 자주 계속되면, 눈에 보이지 않는 영의 세계라고 하여 무시하지 말고, 꼭 한 차례 영가천도를 해주어야 한다.

그런데 영가천도를 하면서 꼭 명심해야 할 것이 하나 있다. 그것은 '나'에게 장애가 되는 영가라고 하여 절대로 쫓아내려고 생각해서는 안 된다는 것이다.

영가의 장애가 생길 때 악마나 삿된 영혼의 짓으로 단정 짓고 더 큰 존재의 힘을 빌려 무조건 쫓아내려고만 하는 이들이 있다. 서양의 기독교가 그렇고 무속 또한 다소 그러하다. 하지만 우리 불교에서는 영가를 그렇게 보지 않는다.

  영가는 추방당해야 할 존재가 아니라 구제를 해주어야 할 또 하나의 중생이다. 도리어 장애를 심하게 일으키는 영가일수록, 응어리를 풀지 못해 안착해야 할 세계로 가지 못하는 불쌍한 중생인 것이다.

  그러므로 절대로 귀신을 추방하겠다는 자세로 천도를 하지 말아야 한다. '천도(薦度)'의 말뜻 그대로 피안의 세계로 나아가도록〔度〕잘 인도해야 하는 것이다.

  피안의 세계로 인도하는 것과 쫓아내는 것. 이 둘의 차이는 너무나 크다. 영가를 추방의 대상으로 보아서는 제도는커녕 싸움만 일어나게 된다.

  반대로 영가의 응어리를 풀어주고 자비심으로 영가를 피안의 세계로 인도하고자 하면, 그 영가가 세세생생 은혜로운 마음을 갖고 '나'를 돕는 좋은 인연으로 피어나게 된다는 것을 꼭 명심하기 바란다.

  나무마하반야바라밀.

Ⅱ. 영가가 깃드는 사람

영가, 어디에 있는가

『원각경』 보안보살장(普眼菩薩章)을 보면 지옥·아귀·인간·천상 등 '법계의 모든 세계가 함께 공존한다'는 것을 요지로 삼고 있는 가르침이 있다. 이 가르침을 접하면 사람들은 어리둥절해진다. 지금의 이 시간과 공간 속에서 여러 존재양상이 함께 공존하는 것이 어떻게 가능한가 하고….

그러나 우리 인간의 육체적인 기능과 정신적인 능력의 한계 때문에 보지 못하고 느끼지 못하는 것일 뿐, 실제로는 지옥·아귀·인간·천상 등의 여러 존재양상들이 함께 공존하고 있다.

그런데 이 사실을 긍정한다 할지라도 또 하나의 의문은 남는다. '지금의 이 시간과 공간 속에서 어떻게 서로 다른 생존의 존재들이 아무런 부딪힘 없이 함께 공존하는 것이 가능할 수 있는가' 하는 것이다.

이에 관한 예를 하나 들어보자. 하나의 방에다 촛불과 백열등과 형광등을 함께 밝힐 경우를 생각해 보라. 그때 형광등의 불빛은 백열등의 불빛을 파괴하지 않고, 초의 불빛은 형광등의 불빛을 방해하지 않는다. 곧 촛불과 백열등과 형광등의 불빛이 같은 시간, 같은 공간 안에서 함께 공존하고 있는 것이다.

심지어는 서로가 상극관계에 있는 물과 불, 빛과 그림자까지도 어디에서나 함께 공존하고 있고, 한 걸음 더 나아가서 보면 불이 있는 곳에는 물이 찾아들기 마련이요 그림자가 있는 곳에는 오히려 빛이 있기 마련인 것이다.

이러한 예들과 같이 인간의 세계와 귀신의 세계, 심지어는 지옥과 극락처럼 완전히 다른 세계까지도 이 시간과 공간 속에 함께 공존한다는 것을 부처님께서는 『원각경』을 통하여 설하신 것이다.

그러므로 우리의 눈으로 볼 수 없다고 하여 지옥·아

귀 등의 다른 존재 양상을 부정하여서도 아니 되며, 법계의 공존하는 이치를 무시하여서도 아니 된다.

　실로 이 법계의 여러 존재 양상은 서로의 영역을 파괴하지 않으면서 함께 공존하고 있으며, 서로의 테두리를 파괴하지 않기 때문에 인간과 귀신이 같은 시간, 같은 공간 안에서 서로를 침해하지 않고 함께 존재할 수 있는 것이다.

　그런데 때로는 귀신이 자신의 테두리를 넘어서서 인간의 영역을 침해하는 경우가 있다. 예를 들면 배가 고픈 귀신이 사람의 몸에 의탁하여 사람의 음식을 먹는 것이다.

　이 배고픈 귀신을 흔히 객귀(客鬼)라고 하는데, 너무나 배가 고프기 때문에 뒤에 다가올 고통조차 잊은 채 사람의 몸에 의탁하여 사람이 먹는 음식을 빼앗아 먹게 된다. 이 경우, 겉으로 보면 분명히 사람이 먹는데, 실제로는 배고픈 귀신이 음식을 먹는 것이다.

　보통 객귀는 집에서가 아니라 야외에서 음식을 먹을 때 가끔씩 침범하게 되는데, 평소와는 달리 정신없이 음식을 먹으면 객귀의 소행이라고 볼 수가 있다. 또 객귀에 걸리면 열이 나고 한기가 들면서 속이 메스꺼운

증상을 보이게 된다.

이렇게 객귀가 침범하게 되면 시골에서는 찬물을 담은 바가지에 밥 몇 숟가락을 풀고 반찬을 조금 넣은 다음 그 바가지에 아픈 사람의 침을 뱉도록 한다. 그리고 부엌칼을 들고 이리저리 내두르며 고함을 지른다.

"이 몹쓸 놈의 객귀야, 어서 물러가라."

이렇게 하면 객귀가 물러가고 병이 낫게 된다고 한다. 그리고 사찰에서는 구병시식(救病施食)을 하여 객귀를 물러가도록 하고 있다.

그런데 귀신이 배가 고프다고 하여 사람의 영역을 침해하게 되면 그 객귀는 그보다 몇 곱이나 더한 배고픈 과보를 받게 된다. 이 법계의 인과법칙에 따라 더한 고통의 과보를 받게 되는 것이다. 그리고 스스로의 테두리를 벗어나면 더 큰 과보가 온다는 것을 귀신들도 알기 때문에, 귀신들은 사람들과 공존하고 있으면서도 함부로 인간의 영역을 침해하지 않는 것이다.

자연 이러한 법계의 인과법 속에서 사는 귀신, 곧 영가들은 함부로 사람을 해하려 하지 않는다. 그런데도 가끔씩은 이 세상에서 영가의 장애를 당하며 사는 이들이 있다. 그 경우의 영가는 크게 세 유형으로 나누어진다.

첫째, 원한이나 사랑의 미련 때문에 찾아드는 영가

둘째, 귀신을 불러들이는 사람에게 찾아드는 영가

셋째, 천도해 줄 능력이 있는 이에게 찾아드는 영가

등이다.

이 장(章)에서는 이에 관한 이야기를 하면서, 우리가 영가를 어떠한 마음가짐으로 대해야 하는가를 살펴보도록 하자.

원한과 사랑의 영가

경상북도 성주군의 어느 마을에 성격이 독할 뿐만 아니라 말도 살벌하게 하고, 마을에서 가축을 잡을 때는 도맡아서 죽이는 이가 있었다. 그는 결혼하여 2남 1녀를 두었는데, 아내가 큰 아이 나이 7세, 막내아들 나이 3세 때 죽고 말았다.

아내가 죽은 지 3개월 뒤, 그는 세 살배기 아들을 데리고 사는 과부를 아이들의 새엄마로 맞아들였다. 그런데 새엄마는 팥쥐의 어머니마냥 자기가 낳은 자식만을 애지중지하고 세 아이에게는 조금의 정성도 쏟지 않았다.

첫째 부인의 세 아이는 갖은 설움을 당하면서도 포악하고 무서운 아버지 때문에 오히려 한 마디 불평도 털어놓을 수가 없었다. 특히 새엄마의 아이와 동갑내기였던 막내아들은 새엄마의 차별과 아버지의 포악함에 그 누구보다 상처를 많이 받으며 자라야 했다.

그 때문인지 막내는 고등학교에 입학하기가 무섭게 집을 벗어나고자 하였다.

"저는 학교 옆에서 자취를 하렵니다. 방을 하나 얻어 주십시오."

집에서 성주읍에 있는 고등학교까지는 9km 정도밖에 되지 않았으므로 자취를 하겠다는 아들의 말에 아버지는 버럭 화를 내었다.

"이놈아! 다른 아이들은 자전거나 버스를 타고 잘도 통학하는데, 네놈은 무엇 때문에 자취를 하려는 것이냐?"

"더 이상 이 집에서는 못살겠습니다. 방을 얻어 주십

시오."

아버지가 매를 들어 때려도, 새엄마가 갖은 욕설을 퍼부어도 막내아들은 뜻을 굽히지 않았으므로 마지못해 방을 얻어주었다. 그런데 어찌된 노릇인지 막내아들은 혼자만의 자취방을 가진 그 첫날밤에 연탄가스 중독으로 죽고 말았다.

그리고 해를 넘겨 2월이 되었을 때, 가족들이 함께 식사를 하고 있는데 아버지의 눈에 죽은 막내아들이 보이는 것이었다. 양말도 신지 않은 맨발에 다 해어진 옷을 입고 벌벌 떨며 집안으로 들어오면서 혼잣말로 중얼거렸다.

'어, 추워. 어, 추워. 추워서 죽겠네.'

이상하게 여긴 아버지는 그 모습을 이야기하면서 새엄마에게 물었다.

"막내아들 살아생전에 그 아이에게 옷을 잘 해주지 않은 것 아니오?"

실로 죽은 막내는 친어머니가 돌아가신 다음부터 열일곱이 될 때까지 새 양말·새 내의·새 옷 한 벌 얻어 입지 못하고 자랐지만, 새엄마는 오히려 큰소리로 투덜대었다.

"내가 그 녀석에게 섭섭하게 한 것이 무엇인데? 해줄 것 다 해주고 그 녀석 키우느라 온갖 고생 다하였는데 지금 와서 저를 의심해요?"

그런데 묘하게도 죽은 막내아들의 모습이 아버지의 눈에 보인 그날, 새엄마가 낳은 아들이 같은 고등학교 동급생과 싸우다가 칼로 옆구리를 찔러 죽이는 사건이 터지고 말았다. 그로 인해 새엄마의 아들은 소년원에 들어갔고, 다행히 2년 만에 석방되었지만 그 다음이 더욱 가관이었다.

시도 때도 없이 아버지를 찔러 죽인다며 위협하고 어머니를 찔러 죽인다며 설쳤으며, 죽은 막내아들을 구박했던 동네 사람들을 죽이겠다며 야단을 부리는 것이었다. 그야말로 멀쩡하던 아이가 갑자기 살인귀처럼 바뀌어 주위를 공포분위기 속으로 몰아넣은 것이다.

8

이 이야기를 통하여 우리는 능히 짐작할 수 있을 것이다. 갖가지 핍박을 받다가 죽은 막내아들이 사랑을 듬뿍 받고 자란 배다른 형제의 몸에 의탁하여 아버지와 새엄마를 비롯한 감정 쌓인 사람들에게 복수를 하고 있다는 것을.

이러한 경우에 처하게 되면 병원에서 치료를 할 수 있는 것이 아니다. 그야말로 영가천도를 해주어야 한다. 그러나 원한을 깊이 품은 영가는 절에서의 단순한 천도재나 무당의 굿으로는 해결되지 않는다.

원한을 갖게 만든 당사자들의 깊은 참회가 따르지 않으면 영가는 복수의 집념을 버리지 않게 되고, 복수의 집념을 버리지 않으면 어떠한 초능력이라 할지라도 올바로 천도를 시키지 못한다. 일시적으로 그 기운을 꺾을 수는 있을지언정….

오직 참회하는 마음가짐과 영가의 맺힌 원결을 풀어주고자 정성을 다하는 실천이 천도의 원동력이 된다는 것을 꼭 명심하기 바란다.

그리고 원한에 찬 영가와는 달리, 사랑의 집념으로 죽어서까지 애착을 놓지 못하여 산 사람의 곁에 머무는 영가들도 있다. 이러한 영가들은 산 사람을 돌본다는 명목 아래 산 사람과 함께 하지만, 생존의 테두리가 다른 영가가 산 사람에게 붙게 되면, 산 사람은 그 순간부터 병에 시달리거나 정신적인 장애에 시달리게 된다. 곧 산 사람이 그렇게 힘들어질 수가 없는 것이다.

그러므로 이 경우에는 그 사랑의 당사자나 가까운 사

람들이, 영가에게 근심걱정을 하지 않아도 됨을 설명하여 안심시키고, 무상(無常)과 공(空)의 법문을 설하여 가야 할 곳으로 나아갈 수 있도록 하여야 한다.

세속의 삶에서도 사랑과 미움이 문제가 되듯이 영가들 또한 애착과 증오 때문에 갈 곳을 가지 못하는 딱한 혼이 된다는 것을 새겨, 깊은 자비심으로 정성을 다하여 천도를 해주어야만 한다. 만약 이 생에서 증오와 사랑의 한을 품은 영가를 천도하지 못하면, 그 영가가 세세생생 우리를 따라다니며 괴롭힐 것이니….

귀신을 불러들이는 사람

영가가 쉽게 깃드는 또 한 가지 유형은 스스로 귀신에 대해 깊이 관심을 가지고 불러들이는 사람의 경우이다.

주위를 살펴보면 가끔씩, 귀신 붙은 사람들이 점을 치고 앞일을 예언하고 남이 모르는 사실도 아는 것을 신기하게 여겨, '나도 귀신의 능력을 빌렸으면' 하는 생각에 빠져드는 이들이 있다. 그러나 결과는 결코 신통한 것이 아니다. 이에 대한 한 편의 실화부터 함께 살펴보자.

❋

덕숭산으로 출가하여 오로지 참선공부에만 몰두한 스님이 있었다. 스님은 여러 선방을 찾아다니며 열심히 정진하였다. 그러나 참선공부는 쉽게 이루어지지 않았고, 세월이 흐르자 조급증과 답답함을 떨쳐버릴 수가 없었다.

마침내 스님은 지리산 피아골로 들어가 정진하다가, 마음이 답답할 때마다 밖을 향해 소리쳤다.

"어떤 귀신이라도 좋다. 이리 와서 붙어라. 처녀귀신 총각귀신, 아무 것이나 좋다. 와서 한번 붙어봐라."

스님은 귀신의 능력을 빌려 무엇이든 시원스럽게 알아보고 싶었던 것이다. 그런데 이렇게 가끔씩 소리치기를 3개월가량 하였을 때, 섬뜩 무엇인가가 다가오는 듯싶더니 6·25사변 때 죽은 여자 빨갱이 귀신이 붙고 말았다.

육신이 없는 영가는 남의 몸에 붙으면 그 몸을 자신

의 몸으로 착각하기 마련인데, 그 여자 빨갱이 귀신도 스님의 몸을 자신의 것으로 삼아 낮이고 밤이고 스님을 부려먹기 시작했다. 신통한 능력이라도 얻어 볼까 하였던 스님의 본래 뜻과는 달리, 몸에 붙은 귀신은 끝없이 괴롭히기만 했다.

하루는 머리를 깎는 데 귀신이 재미를 느꼈는지 계속 종용하였다.

"야, 참 재미있네. 또 깎자."

이렇게 시작하면 귀신이 시키는 대로 하루에 열 번도 넘게 깎아야 했다.

머릭카락도 없는 맨들한 머리에 물칠을 하여 밀고 또 밀고…. 또 귀신이 가자고 하는 곳은 어디로든지 가야만 하고, 돌아오자고 하면 오지 않을 수 없었다. 한번은 지리산에서 덕숭산까지 밤낮도 없이 며칠을 걸어갔다가, 잠깐 앉아 보지도 못하고 그대로 돌아와야만 했다. 스님은 그야말로 고단하여 살 수가 없을 지경이었다.

스님은 이러한 육체적인 핍박뿐만이 아니라, 빨갱이로 몰리는 소동마저 감수해야만 했다.

"스님, 천왕봉 저쪽 너머에 좋은 것이 묻혀 있으니

가자."

 빨갱이 귀신이 이끄는 대로 그곳으로 가서 땅을 파자 무전기와 돈과 전단이 나왔다.

 "돈과 무전기는 그냥 두고 전단만 가져가."

 그리고는 그 전단을 산골 사람들에게 나누어주도록 하였으며, 때로는 마을로 내려가 공산당의 주체사상을 스님의 입을 빌어 선전하는 것이었다. 결국 스님은 여러 차례 파출소로 잡혀가서 심한 문초를 당해야만 했다.

 마침내 스님은 여자 빨갱이 귀신의 굴레에서 벗어나고자 결심하여 몇몇 스님들께 구병시식을 청하였다. 그러나 귀신은 쉽게 떨어지지 않았고, 나중에는 나에게까지 귀신으로부터 벗어날 방법을 물어왔다.

 "매일 아침 천지팔양경을 일곱 번 외운 다음, 하루 종일 천수다라니를 죽어라고 외우시오. 마음의 긴장을 풀면 안됩니다. 죽어라고 몰아붙여야지, 적당히 외우거나 주저주저하면 그 귀신도 면역이 생겨 절대로 떨어지지 않아요. 열심히 죽어라고 외우십시오."

 그 스님은 나의 말처럼 마지막 각오로 천수다라니를 외웠고, 며칠이 지나자 빨갱이 귀신은 차츰 애처로운 하소연을 늘어놓기 시작하였다.

"스님이 그렇게 기도를 하니까 내가 자꾸 아파. 아파서 못 견디겠어. 스님, 그만 기도해."

"나는 스님하고 같이 살고 싶은데 왜 스님은 나를 미워하면서 자꾸 가라고 해? 나를 미워하지마. 나를 보내려고 하지마."

"스님, 나 어디 가서 누구와 살아야 해? 스님을 떠나면 어떻게 살아?"

이렇게 귀신은 스님의 동정심을 불러일으켜 '가지 말고 있으라'는 말이 나오도록 하려 했지만, 스님은 흔들림 없이 천수다라니를 외웠고, 마침내 여자 빨갱이 귀신은 스님께 작별을 고하였다.

"스님, 이제는 그만 가야 되겠어. 스님이 계속 기도를 하니 내 몸이 아파서 더 이상 견딜 수 없어."

그리고는 지극히 정성스럽게 삼배를 올리며 한마디 축원을 남기고 떠나갔다.

"스님, 부디 공부 잘 하셔서 성불하십시오."

∞

지금은 어디에 있는지 연락조차 닿지 않는 이 스님의 체험담을 통하여 우리는 많은 것을 알 수 있다.

귀신은 사람의 몸을 자신의 몸으로 삼는다는 것, 귀신이 붙으면 본인의 의지와는 관계없이 움직이게 된다는 것, 스스로 불러들인 귀신이지만 내보내기는 쉽지 않다는 것, 천수다라니를 외우면 귀신이 스스로 견디지 못하여 떠나간다는 것 등이다.

　그러나 무엇보다 중요한 사항은 귀신을 부르고 귀신에 대해 많은 관심을 가지면 귀신이 찾아들게 된다는 사실이다. 그러므로 아무리 귀신같은 능력을 바랄지라도 귀신을 섬기거나 끌어들여서는 안 된다.

　단순한 귀신만이 아니다. 흔히들 신으로 일컬어지고 창조적인 능력이 있다고 하는 형이상학적인 신일지라도 마찬가지이다. 공부를 하는 사람은 함부로 신을 경배해서는 안 된다. 헛되이 신을 경배하고 따르다 보면 그 신의 노예처럼 생애를 보내는 경우가 허다하기 때문이다.

　특히 부처님의 가르침을 공부하는 불자는 사람·신·귀신 등의 모든 중생을 제도하고 천도하는 인물이 되어야 한다. 어떻게 조금 특별한 능력을 지닌 신이나 귀신과 벗하여서야 되겠는가. 한 걸음 더 나아가 귀신을 부리는 주술 등의 공부에도 관심을 가지지 말아야 한다. 그 결과는 오직 삿된 길뿐이다. 한번 삿된 길로 빠지면 길을 벗어나기 어렵나니….

정녕 참된 불자라면 스스로를 등불로 삼고 법을 등불로 삼아 불성의 주춧돌 위에서 불성을 개발하며 살아야 하는 것이다.

천도의 능력이 있는 이를 찾는 영가

일반 사람의 상식과는 달리, 영가들은 스스로 좋은 세상으로 갈 수 없는 경우에는 가족·친척 등 그들을 천도해 줄 수 있는 능력이 있는 이를 찾는 경우가 많다.

이 경우 그 사람과 영가는 아무런 원한관계도 특별한 응어리가 맺힌 관계도 아니다. 오직 영가 자신의 능력으로는 다른 세상으로 나아갈 수 없기 때문에 도움을 줄 수 있다고 판단되는 어떤 이에게 의지를 하는 것이다. 곧 영가가 '나를 도와주시오' 하면서 찾아드는 경우이다.

그러나 이 경우 역시 영가의 장애를 느끼게 되기는

앞의 경우와 다를 바가 없다. 또다시 한 가지 이야기를 음미해 보자.

❁

나를 즐겨 찾아왔던 신도 중 지혜로운 불교인이요 지혜로운 어머니의 본보기가 되었던 보리심(菩提心) 보살이 있었다. 그녀는 맏아들과 두 딸과 막내아들을 두었는데, 그중 막내아들이 때때로 가출을 하였다.

초등학교 3학년 때 일주일 동안 가출하고부터 거의 3개월마다 한 번씩 주기적으로 집을 나가 열흘씩 보름씩 있다가 돌아오는 것이었다. 부모님께 꾸중을 들어 나가는 것도 아니요 형이나 누나와 사이가 나빠 나가는 것도 아니었으며, 선생님이나 친구와 무슨 일이 있어서 나가는 것도 아니었다. 그냥 혼자 나가 한동안 있다가 돌아오는 것이었다.

그리고 집을 나가 나쁜 짓을 하지도 않았고 나쁜 곳으로 빠져들지도 않았다. 여기저기서 남의 일을 도와주고 잔심부름을 하면서 한 끼 밥이나 라면 한 그릇을 얻어먹으며 떠돌다가 집으로 돌아오는 것이었다. 결코 문제를 일으키지 않았기 때문에 경찰서로부터 집으로 연락 오는 일도 없었다.

그런데 묘한 것은 그 가출의 원인을 찾을 수 없다는 것이었다. 엄마인 보리심 보살이 여러 측면으로 물어보아도 대답은 오직 하나였다.

"저도 잘 모르겠어요. 그냥 무엇엔가 이끌려 나가게 돼요."

막내아들의 가출은 중학교 때도 고등학교 때에도 계속되었고, 어머니가 학교로 찾아가 사정사정함으로써 겨우겨우 졸업장은 얻을 수 있었다.

이러한 속에서 어느덧 보리심 보살은 큰 아들과 두 딸을 모두 결혼시켰고, 모두가 자식 둘을 낳게 되었다. 그러던 어느 날, 아직 젖도 떨어지지 않은 둘째딸의 아기가 설사를 시작하더니 피까지 줄줄 쏟아내는 것이었다. 놀란 부모와 보리심 보살은 아이를 안고 서울의 큰 병원을 차례로 찾았으나, 그 어느 의사도 병명은커녕 설사조차 멎게 하지를 못하였다.

'아, 이 병은 병원 쪽에서 다스릴 병이 아니로구나. 불보살의 가피가 있어야 하리라.'

이렇게 생각한 보리심 보살은 인천에 있는 절을 찾아 3일 지장기도를 시작하였다. 그 절에서는 참여대중 모두가 목탁소리에 맞추어 지장보살을 부르는 것이 아니라, 각자가 따로 지장보살을 부르도록 되어 있었다.

오후 3시경 지장보살을 찾기 시작한 보리심 보살은 밤 11시경이 되었을 때 여자의 곡소리가 들리는 것을 느낄 수 있었다. 이상한 생각이 들어 눈을 부릅뜨고 주위를 살폈더니, 소복을 입은 세 여인이 바로 옆에서 자기를 쳐다보며 울고 있는 것이었다.

'이상하다. 내가 수십 년을 절에 다니며 기도하였지만 이런 일은 없었는데 왜 이럴까? 나의 마음가짐이 잘못되었기 때문일까?'

이렇게 반성하고 다시 마음을 모아 지장보살을 외우고 있노라면 또 곡소리와 함께 소복 입은 여자의 모습이 보이는 것이었다. 함께 기도하고 있는 삼십여 명의 사람들에게도 곡소리가 들리고 여자의 모습이 보이는가 싶어 주위를 둘러보았지만 아무도 느끼지 못하는 듯하였다. 그러다가 부처님을 향해 고개를 돌리는데, 불단 앞에 남편의 동생이자 아이들 고모 세 분의 이름이 걸려있는 것이 보였다.

보리심 보살의 머리에는 고모 세 분과의 일이 주마등처럼 스쳐갔다. 나이 차이가 적어 함께 장난을 치며 재미있게 지냈던 시절, 결혼을 하여 뿔뿔이 시집으로 가던 때의 일, 잠시 친정으로 돌아와 하소연처럼 늘어놓던 시집살이 이야기, 그리고 6·25사변 때 고모 셋이 죽은 일까지 생생하게 떠오르는 것이었다.

순간 보리심 보살의 입에서는 대성통곡이 터져나왔다. 그곳이 법당이라는 것도 기도 중이라는 것도 잊어버리고, 눈물 콧물이 범벅이 된 채로 엉금엉금 무릎으로 기어 불단 앞으로 가서 불단을 치며 통곡하였다.

"부처님, 불쌍한 우리 아이들의 고모를 천도해 주십시오. 제발 제도해 주십시오. 부처님!"

한참 후 정신을 차린 보리심 보살은 사람들의 시선을 피하여 밖으로 나와 세수를 하고 바람을 쏘이면서 정신을 안정시켰다. 그리고 다시 법당으로 들어가서 3일 밤낮동안 고모 세 분을 위해 지극정성으로 기도를 올렸는데, 만 3일째 새벽녘이 되어 깜빡 눈을 감은 사이에 현몽이 펼쳐졌다.

큰고모는 보따리를 싸서 버스를 타고 떠나고, 둘째 고모는 기차를 타고 떠나는 모습이 보이는 것이었다. 오직 막내고모만은 보따리만 싼 채 떠나지 못하고 있었다.

'아, 막내고모는 아직 못 가셨구나.'

그리고는 기도를 끝내고 집으로 돌아와 보니 설사를 하면서 피를 쏟던 외손녀의 병은 거짓말처럼 나아있었다.

그로부터 3개월 후, 남이섬으로 방생을 간 보리심 보살은 강화도로 피난을 가다가 한강변에서 포탄을 맞아 죽은 막내 고모를 떠올리며 2시간 동안 정성껏 기도하였고, 그날 밤 막내고모가 공중으로 훌훌 날아 지붕을 뚫고 하늘로 올라가는 꿈을 꾸었다.

그 꿈을 꾸고 난 다음, 15년 가까이 주기적으로 가출을 했던 막내아들의 이상한 행동도 말끔히 사라져버렸다.

ஓ

6·25 때 죽은 아이들의 고모 세 사람은 불심이 깊은 새언니 보리심 보살이 그들을 위해 무엇인가를 해줄 수 있을 것 같아 새언니 주위를 맴돌았다. 그리고 새언니인 보리심 보살이 눈치를 챘으면 하고 막내아들을 유인하여 가출시키곤 하였다.

그러나 보리심 보살이 끝내 그 뜻을 알아채지 못하자 외손녀에게 깊은 장애를 일으켰던 것이다. 마침내 보리심 보살은 통곡 속에서 아이들 세 고모에 대한 천도를 시작하였고, 세 분을 모두 천도시킴으로써 외손녀의 병과 막내아들의 고질적인 버릇이 저절로 고쳐지게 되었던 것이다.

 물론 어느 누구도 이와 같은 일이 일어나기를 원치는 않을 것이다. 그러나 이러한 일은 가끔씩 있기 마련인데, 그러한 때는 천도의 기도를 해줄 수 있어야 한다. 영가가 도움을 원할 때는 기꺼이 도움을 주어야 한다.

 부디 보이지 않는 영가의 세계라고 하여 무시하지 말고, 원결이 맺힌 영가가 있으면 원결을 풀어주고 천도가 되지 않은 영가가 있으면 천도를 해주기 바란다. 그렇게 해줄 때 영가는 물론이요 '나'와 '나'의 주위에도 보다 큰 행복이 깃드는 것이니….

 나무지장보살마하살.

Ⅲ. 영가천도의 기본자세

　일체유심조(一切唯心造). 불교의 핵심을 담은 이 가르침은 '모든 것이 마음의 조화요 마음먹기에 달렸다' 는 것을 깨우쳐 주는 말이다.
　영가천도 또한 마찬가지이다. 천도에 임하는 이가 마음을 어떻게 가지느냐에 따라 영가를 잘 천도시킬 수도 있고, 천도를 못 시킬 수도 있다. 영가를 극락으로, 또는 지옥의 삶을 살도록 방치할 수도 있다.
　과연 천도를 함에 있어 가장 중요한 것은 무엇인가? 장엄한 의식절차 속에서 영험 있는 경전을 읽으며 천도를 하는 것이 가장 중요한 문제일까? 아니다. 무엇보다 중요한 것은 천도에 임하는 '나'의 마음가짐, '나'의 기본자세이다.

효심으로 정성을 다하라

불교에는 여러 가지 기도가 있다. 그 중에서도 현재 '나'의 눈에 보이지 않는 영가를 위해 올리는 천도의 기도는 참으로 큰 의의가 있다.

전생의 원결이 많은 사람, 가족이나 자신에게 병이 많은 사람, 집안이 편안하지 못하고 재앙과 우환이 끊이지 않는 경우, 천도를 위한 기도를 올리게 되면 재앙과 우환들이 사라지면서 더없이 좋은 인연들이 꽃피어나게 된다. 특히 돌아가신 부모님이나 일가친척을 천도하는 것은 보람되고도 큰 공덕을 쌓는 일이다.

그러나 그 천도가 '나'의 욕심에 의해 시작된 기도가 되어서는 안 된다. '나'의 욕심을 채우기 위해 시작한 천도는 물 위에 뜬 거품과 같은 결과를 초래하기 때문이다. 곧 내가 잘되고 내가 무엇을 얻고자 하는 유소득심(有所得心)의 천도가 아니라 무소득심(無所得心)의 천도를 하여야 한다.

무소득심의 천도는 '나'를 생각하는 천도가 아니다. 꾀를 부리는 천도가 아니다. 적당히 '천도를 하면 나에게 좋은 일이 있겠지' '이 정도로 하였으면 천도가 되었겠지' 하는 등의 자세로 하면 천도가 올바로 되지 않는다.

오로지 효도하는 마음으로, 또 어린아이와 같은 순수한 마음으로 정성을 다해 천도를 하여야 한다. 이렇듯 '나'의 욕심을 벗어버린 무소득심으로 정성껏 천도를 하게 되면 꼭 천도가 되게끔 되어 있다. 아울러 그 공덕에 따른 한량없는 복도 저절로 찾아들게 되어 있다.

효심으로 정성을 다하는 천도…. 이제 조선시대 말인 1859년(철종 10년)에 통도사 서운암을 중건한 일이 있는 남봉(南逢)스님의 천도 이야기를 함께 살펴보도록 하자.

❦

어린 시절 부모가 일찍 세상을 떠나자, 남봉스님은 남의 집 민며느리로 들어간 누나와 함께 살아야만 했다. 그러나 모든 것이 넉넉하지 못해 입 하나가 무섭던 그 시절, 민며느리가 된 누나에게 얹혀산다는 것은 여간 괴로운 일이 아니었다. 무엇보다도 자기 때문에 시집 식구들의 눈치를 보고 잔소리를 들어야 하는 누나를 대하기가 힘들었다.

'차라리 길거리에 나가 얻어먹을지언정 더 이상 누나를 고생시켜서는 안 된다.'

이렇게 결심한 소년은 13세의 나이로 그 집을 나와 거지 생활을 시작했다. 이곳저곳에서 구걸을 하며 연명을 하다가 한 해가 저물어가자 누나가 보고 싶어졌고, 누나를 찾아 경상남도 언양의 삼남골로 향하다가 양산 통도사에서 섣달 그믐날을 맞게 되었다.

지금은 많이 바뀌었지만 일제강점기 말까지만 하여도, 섣달 그믐날 절 안으로 들어오는 나그네는 남녀노소 신분의 높고 낮음을 막론하고 모든 이에게 상을 차려 대접하는 풍습이 있었다. 그것도 여럿이서 함께 먹는 겸상으로 차리는 것이 아니라, 과일·떡·과자 등을 모두 갖춘 밥상을 한 사람 앞에 하나씩 각각 차려주었던 것이다.

거지소년도 밥상을 받았다. 그러나 소년은 물끄러미 음식을 바라보다가 밥상을 들고 객실을 나와 디딜방앗간으로 들어갔다. 마침 그 모습을 본 대웅전의 노전스님은 이상하게 생각하여 몰래 숨어 소년의 행동을 지켜보았다.

소년은 방앗간 안을 깨끗이 청소하더니 한쪽에 밥상

을 놓고 절을 하였다. 그리고는 흐느끼며 아뢰었다.

"아버님 어머님, 오늘이 섣달 그믐날입니다. 집집마다 제사를 지내건만, 거지 신세인 저는 제사도 모시지 못합니다. 이 음식은 통도사 스님들께서 저 먹으라고 주신 것이지만, 부모님 제사도 지내지 못하는 제가 어떻게 먹을 수 있겠습니까? 이 음식이나마 아버님 어머님께 올리오니, 부디 섭섭해하지 마시고 맛있게 드십시오."

소년은 다시 흐느끼며 절을 올렸고, 그 모습을 지켜보던 노전스님은 생각하였다.

'참으로 기특한 아이로구나. 저 아이를 거두어 승려로 만들어야겠다.'

이튿날인 설날 아침, 소년이 떡국을 먹고 떠나려 하자 노전스님이 불러 말하였다.

"애야, 스님이 되고 싶은 생각은 없느냐?"
"저 같은 거지를 누가 스님으로 만들어 주겠습니까?"
"내가 거두어주마. 내 밑에서 중노릇을 해보아라."

이렇게 하여 승려생활을 시작한 이가 남봉스님이다. 그 뒤 남봉스님은 15년가량 은사스님을 시봉하며 강원의 경전공부를 마쳤고, 30세가 되었을 때 은사스님의 슬하를 벗어나 독립을 하게 되었다. 그리고 첫 작업으로 한 해 동안 탁발을 하여 이듬해 여름에 부모님의 천도를 위한 백일기도를 시작하였다.

무더운 여름, 남봉스님은 절을 세 번 한 다음 법화경 한 글자를 쓰고, 또 절을 세 번 하고 한 글자를 쓰면서 축원하였다.

'아버님 어머님께서 고통의 나라를 벗어나 좋은 나라로 향하여지이다.'

그렇게 6만 9천 225자의 법화경을 정성껏 써서 끝마친 백중날 밤, 아버지 어머니가 꿈에 나타나 기뻐하면서 말씀하셨다.

"우리는 부모가 되어 너에게 해준 것이 없는데, 우리를 위해 그토록 간절히 기도를 하고 축원을 해주었으니 고맙기 그지없구나. 우리는 네 덕에 고통의 나라를 벗어나 좋은 나라로 간다. 그러니 앞으로는 걱정하지 말아라. 그리고 우리가 고통의 나라에서 벗어나 좋은 데로 갔다는 증거를 꼭 보고 싶으면 내일 아침에 누나 집으로 가 보아라. 아들아, 정말 고맙다."

이튿날인 7월 16일 아침, 남봉스님은 언양 삼남골에 있는 누나 집으로 가 보았다. 묘하게도 누나 집에서 십

년 이상을 부렸던 건강한 황소가 밤에 갑자기 죽었다는 것이었다. 어제까지만 해도 그렇게 일을 잘 하였고 저녁에 쇠죽을 맛있게 먹었다는 그 소가…. 그리고 이웃 마을의 한 집에서도 십 년 이상을 산 암소 한 마리가 죽었다는 것이었다.

'아! 아버님 어머님이 소가 되어 고통을 받으시다가 이제 좋은 나라로 가셨구나.'

༄

일찍 부모를 여의고 고생을 하게 되면 오히려 부모에 대한 원망이 커지기 마련이지만 남봉스님은 달랐다. 배고픈 거지소년 시절의 섣달 그믐날에 잘 차려진 밥상을 받고도, 허기진 배를 채우기보다는 부모님의 제사상으로 올렸던 남봉스님! 그리고 부모님의 천도를 위해 올렸던 스님의 기도는 한 점의 티끌도 없는 효심이요 정성이었다.

이러한 효심과 정성으로 천도를 하면 혹독한 업을 받은 영가일지라도 천도가 되지 않을 까닭이 없다. 그러나 단순한 기대심리와 '나'의 욕심으로 천도를 하게 되면 그 욕심과 기대 때문에 오히려 공염불로 끝나는 경우가 많다.

또한 천도를 할 때 절대로 꾀를 부려서는 안 된다. 영가천도를 위한 기도를 시작하였으면 영가를 위해 마음으로 다짐하였던 것들을 지키고자 노력하여야 한다. 만일 정성 없이 꾀를 부리며 천도에 임하게 되면 그 부실한 정성을 영가들이 먼저 알아차린다.

부디 부모 등의 가까운 이들을 천도할 때는 그냥 효심으로, 은혜를 갚는다는 마음 하나로 임하기 바란다. 그것이 무소득심의 천도이다. 정녕 무소득심으로 천도를 하면 영가뿐만이 아니라 온 법계(法界)가 우리에게 큰 복을 내린다. 왜냐하면 효심이야말로 '나'와 법계 속에 가득히 충만되어 있는 행복의 기운을 하나로 엮어주는 안테나와 같은 것이기 때문이다.

거듭 강조하건대, 천도를 할 때는 남봉스님처럼 효심과 정성으로 하여야 한다. 꾀부리지 않는 천도, 무소득심의 천도에 의해 영가는 고통의 나라를 벗어나 좋은 나라로 나아갈 수 있고, 영가의 장애를 벗고 행복을 누릴 수 있게 된다는 것을 깊이 명심하기 바란다.

직접 천도하는 자세를 지녀라

천도의 기본자세로서 두 번째로 이야기하고 싶은 것은 '남'에게만 의지하지 말고 '직접 한다'는 자세를 가지라는 것이다.

요즈음 많은 사찰에서는 영가천도를 위한 백일기도나 49일기도 등을 자주 열고 있다. 그때마다 많은 불자들이 참여를 하고, 또 그때마다 참으로 묘한 현상이 펼쳐지고 있다. 그 묘한 현상이란, 영가를 천도하겠다며 기도에 동참한 불자가 기도를 하지 않는다는 것이다.

"스님, 스님만 믿어요."

기도 입재일(入齋日)에 잠깐 참여하였다가 이 말을 끝으로 기도를 끝마쳐버리는 것이다. 영가천도를 위한 기도뿐만이 아니다. 입시불공, 소원성취를 위한 불공 때도 기도동참금과 '스님만 믿어요'라는 말 한마디로 불공을 끝내는 이들이 많다.

어찌 이와 같은 태도로 기도가 이루어지기를 바라는가? 이미 마음가짐이 틀렸기에 결과도 뻔할 뿐이다. 특히 영가천도를 위한 기도는 영가와 인연이 깊은 당사자의 정성이 꼭 필요하므로, 절에 계신 스님께만 의지

하는 것은 더더욱 맞지가 않다.

　한번 주위를 둘러보라. 사찰에서 행하는 '영가천도를 위한 기도'에 동참한 이가 어디 한둘이던가? 열 번 이상 동참한 불자들도 얼마든지 있다. 그렇다면 그 불자들의 가까운 영가들은 모두 천도되었을 것이 아닌가? 하지만 그렇지가 못하다. 단순히 기도에 동참을 한다는 그 사실 하나만으로는 절대로 쉽게 천도가 되지 않는다.

　정녕 천도를 잘 하려면 자신이 직접 천도하는 자세를 지녀야 한다. 절에서의 기도에 매일 참석할 수 없는 형편이라면 입재와 회향법회 때는 꼭 참석하고, 나머지 날에는 집에서 스스로 하여야 한다.

　절에서 스님이 '지장보살'을 외우며 하루 8시간을 기도한다면, '나'는 집에서 하루 1시간이라도 지장보살을 외워야 한다. 스님이 지장경을 하루 네 번씩 읽으며 기도를 하면, '나'도 영가에게 직접 들려준다는 자세로 지장경을 한 번은 읽어야 한다.

　결코 절에 계신 스님께만 의지해서는 안 된다. 절에서 영가천도법회를 연 것을 계기로 삼아, 내가 천도의 주체가 되고 스님의 도움을 받아 천도를 하겠다는 자세를 지녀야 한다. 이렇듯 내가 천도를 해 주는 주체가 되어 기도를 할 때, 부모를 비롯한 선망(先亡) 조상 일가 친척의 영가들은 괴로움을 벗어나 좋은 세상으로 갈 수가 있는 것이다.

직접 하는 영가천도….

현재 대학의 교수로 있는 정박사는 아버지가 돌아가실 때 유럽에서 박사 학위의 심사를 눈앞에 두고 있었으므로, 임종의 소식을 듣고도 아내만을 고국으로 보내는 불효를 저지르고 말았다.

논문심사를 마치고 박사가 되어 귀국한 정박사는 여러 학교를 찾아 교수 자리를 알아보았다. 그러나 오라는 곳은 그 어디에도 없었다.

생활이 넉넉하지 못했던 정박사는 속칭 '보따리 장사'라고 하는 시간강사가 되었고, 아내는 학원강사가 되어 가정을 꾸려갔다. 그러나 돈은 늘 모자랄 뿐이었다. 또한 정박사의 꿈에는 돌아가신 아버지가 누더기를 입고 나타나 꾸짖는 모습이 자주 보였다.

"이놈아, 네가 어떻게 그럴 수 있느냐? 내가 너를 어떻게 키웠는데…."

　아버지의 꿈, 가난한 살림, 몇 년째 시간강사 신세 등으로 정박사의 신경은 갈수록 날카로워졌고, 아내와의 사이도 점점 멀어져만 갔다. 차츰 살아있다는 것까지 구차스럽게 느껴졌다.

　그러던 어느 날 천안 광덕사를 찾은 정박사는 한 스님으로부터 천도에 대한 말씀을 듣고, 광덕사 명부전의 지장보살님 앞에서 발원을 하였다.

　"지장보살님! 불효자식에 대한 한을 품고 땅에 묻혀 계신 아버님을 위해, 49재를 지내는 마음으로 49일 동안 부모은중경을 사경(寫經)하고 지장경을 1백독(讀) 하겠나이다. 부디 아버님을 극락왕생케 하소서."

　집으로 돌아온 정박사는 그날부터 지장보살님 앞에서 발원한 대로 실천을 하였다. 그러나 한 차례 읽는데 2시간씩 소요되는 지장경을 두 번씩 읽고, 한 시간 가량씩 부모은중경을 쓰는 것이 여간 힘들지 않았다. 강의 등 평소 생활을 그대로 하면서 하루 5시간을 더 노력해야 했기 때문이다.

　하지만 정박사는 적당히 타협하고자 하는 스스로의 생각을 경책하면서 불효를 참회하는 마음으로 잠을 줄였고, 버스 속에서도 지장경을 읽어 지장보살님 앞에서 한 약속을 지켰다.

　그로부터 며칠 후, 아버지의 기일(忌日)을 맞아 제사를 지내고 잠이 든 정박사는 꿈에서 다시 아버지를 뵈었다. 그러나 아버지는 이전처럼 누더기를 입지 않고 아주 좋은 한복을 입고 있었다.

　"내가 자식을 잘못 키운 것은 아니었구나. 네 덕에 이 아버지는 좋은 곳에 가게 되었다."

　그리고는 호탕하게 웃으며 멀어져가는 아버지를 좇아 달려가다가 정박사는 깨어났다. 그 뒤부터 정박사의 꿈에는 아버지가 나타나지 않았으며, 그해 가을 대학의 교수로 채용되었다.

8

　이 정박사의 경우처럼 영가천도는 당사자가 직접 하여야 한다. 굿을 한다고 하여, 부적을 쓴다고 하여 해결되는 것이 아니다. 절에서 올리는 천도재만으로 모든 것이 다 해결된다고 생각해서는 안 된다. 절에 계신 부처님이나 신장, 그리고 기도를 하는 스님들도 '나의 정성'에 감응하여 움직여주시는 것이다.

　참으로 지혜로운 이라면 능히 알 수 있을 것이다. 영

가 때문에 고통을 받는 것도 '나'요, 천도를 하여 복되게 사는 것도 '나'라는 것을…. 그런데 '나'의 문제를 어떻게 남에게 미룰 것인가?

 내가 직접 하겠다는 자세와 각오가 없으면 천도가 매우 어렵다는 것을 꼭 명심하기 바란다.

장애를 극복하며 끝까지 하라

 이제 세 번째 기본자세를 살펴보자.
 이 세 번째의 주제가 되는 '장애'는 영가를 천도해 주는 모든 이들에게 다 나타나는 것이다.
 일반적인 영가의 경우에는 정성껏 성심(誠心)으로 하면 천도가 되지만, 아주 특별한 응어리를 지녔거나 무서운 원결을 품은 영가는 갖은 수단을 다 동원하여 천도를 거부하고 기도를 못하게 훼방을 놓는다. 심지어는 뱀의 모습을 나타내어 기도인을 괴롭혀 천도를 못하게 만든다.

🌸

　대전에서 큰 음식점을 하는 보살은 그 어떤 무서운 원결이 맺혔음인지, 여름이건 겨울이건 영가천도의 기도만 시작하면 뱀이 나타나 방해를 하는 것이었다. 대전 시내에 있는 보살의 집 벽에 뱀이 기어오르고, 절에 와서 기도를 하면 좌복 위에 뱀이 올라붙어 앉지도 서지도 못하게 만들었다. 심지어는 기도하는 스님들께까지 독기를 내뿜었다.

　하지만 거래처들로부터 돈이 떼이고 집안이 엉망이 되는 까닭이 영가의 장애 때문임을 알았던 보살로서는 천도재를 그만둘 수가 없었다. 그리하여 여러 차례 천도재를 올렸으나 영가의 방해 때문에 단 한번의 삼칠일(21일) 기도조차 끝마칠 수가 없었다.

　보다 못한 여동생이 대신 기도를 시작하면, 동생 또한 그날부터 몸이 아프기 시작하여 역시 중단하게 되고 마는 것이다.

༄

　이처럼 지독하게 천도를 방해하는 영가라 할지라도 목숨을 걸어놓고 기도를 하면 반드시 끝이 나게끔 되어 있다.

그러나 대부분의 사람들은 천도의 기도 도중에 생겨나는 고통과 힘듦 때문에 중도에서 포기를 하고 만다. 내 몸이 아깝고, 정신적 육체적인 고통을 이겨내지 못하여 기도를 끝까지 하지 못하고 그만두는 것이다.

하지만 중도포기의 결과는 어떻게 다가오는가? 죽을 때까지 고통에 시달리고, '죽겠다'는 소리를 하며 살아갈 수밖에 없는 것이다. 그럼 어떻게 해야 하는가? 어떤 장애가 올지라도 이겨내고 끝까지 기도하여 그 무서운 원결을 풀어야 한다.

1988년에 있었던 일이다. 내가 창건하였던 울산의 학성선원에 다니는 불자 중 미장원을 경영하는 미혼 여성이 있었다. 그녀의 고향은 단감으로 유명한 경상남도 진영이며, 가족으로는 과수원 농사를 짓는 부모님과 오빠·언니·남동생이 있었다. 또 그녀에게는 숙부가 있었는데, 진영의 집에 함께 살면서 매일같이 술만 퍼마시고 살았다.

어느 해 추석 전날, 아버지는 동생인 숙부에게 장에 가서 제사에 필요한 물건을 사오도록 시켰다. 그러나 해가 저물었는데도 숙부는 돌아오지 않았고, 대신 마을 사람들이 달려와 일러주었다.

"자네 동생이 술을 마시고 길거리에 쓰러져 있는데, 죽은 것이나 아닌지 도무지 깨어나지를 않네."

온 가족이 마을 사람을 따라 현장에 가 보았더니, 호흡도 맥박도 멎었고 손과 발도 식어 있었다. 오직 가슴만 따뜻할 뿐이었다. 예로부터 우리나라에는 명절 전에 사람이 죽으면 시신을 집에 두지 않고 바로 산에 묻는 풍속이 있었다. 그 풍속대로 가족은 숙부를 산에 묻게 되었다.

그런데 그때부터 문제가 터지기 시작했다. 그 숙부의 영가가 '죽지도 않은 나를 파묻었다'며 보복을 시작한 것이다.

문제는 시집을 간 언니에게서 먼저 일어났다. 언니가 갑자기 기억상실증에 걸려 살림을 할 수 없는 지경이 되어버린 것이다. 하는 수 없이 친정에 데려다 놓았더니, 집에 사람이 없을 때 혼자 집을 나갔다가는 집을 찾아오지 못하는 것이었다. 그때마다 온 집안과 동네 사람들은 언니를 찾아 헤매어야 했다. 가출이 잦아지자 그녀는 언니를 울산으로 데려와, 낮에는 미장원에서 밤에는 집에서, 하루 24시간을 함께 지내야 했다.

또, 멀쩡했던 막내동생도 군에서 제대를 한 뒤부터 정신이 이상해져서, 칼이건 낫이건 손에 잡히는 대로 들고 가족들을 죽이려 하였다. 하는 수 없이 가족들은 그 막내동생을 기둥에 묶어 놓고, 어머니가 하루 세 끼 밥을 떠먹이고 대소변을 받아내어야만 했다.

집안이 이 지경에 이르러 굿도 여러 차례 하였지만 효력은 전혀 나타나지 않았다. 마침 그녀가 학성선원으로 찾아와 자초지종을 이야기하며 방법을 묻기에 말하였다.

"안 죽었다고 생각하는 숙부를 그냥 땅에 파묻었으니 그 원결이 얼마나 깊겠느냐? 지독한 원결은 지극한 기도가 아니면 풀리지 않는다. 하루에 금강경을 21번씩 백일동안 읽을 수 있겠느냐?"

미장원을 하는 그녀가 하루에 금강경을 21번씩 읽으려면 잠을 제대로 잘 수조차 없기 때문에, 참으로 무리한 주문이라 하지 않을 수 없었다. 그러나 그녀는 '하겠다'고 하였다.

"그래, 힘들겠지만 해보아라. 집안을 위하여 작은아버지를 천도시켜 드려라."

그리고 10여일이 지났을 때, 그녀가 다급한 음성으로 전화를 하였다.

"스님, 언니가 집을 나갔는데 찾을 수가 없어요."

"그만 내버려둬라. 길거리에 쓰러져 죽었으면 그만이고, 살아있으면 기도 마칠 때쯤 찾아올거다. 언니를 찾으려 하지 말고 기도나 열심히 해라."

"그래도 스님…."

"내버려 둬. 너에게는 지금 기도하는 일이 더 바빠."

그녀는 금강경 독송의 기도를 계속하였고, 백 일을 다 채우기 7일을 앞두고 한 통의 전화를 받았다. 진영의 집에서 온 전화로, 울산역 앞에 있는 음식점에서 언니를 데리고 있다는 연락이 왔으니 가보라는 것이었다. 과연 언니는 그 집에 있었고, 음식점 주인은 언니를 보호하게 된 사연을 들려주었다.

약 70일 전, 얌전하게 생긴 아가씨가 음식점으로 들어왔는데, 옷은 갈기갈기 찢어져 완전히 거지옷이요 얼굴에는 때가 가득 묻어 있었으며, 이름도 사는 곳도 기억하지 못하였다. 불쌍한 생각이 들어 목욕을 시키고 새 옷을 사다가 입혔더니, 그 집에서 나가지를 않는 것이었다. 그런데 이틀 전에 갑자기 말을 하였다.

"우리 친정집은 진영입니다. 아버지는 과수원을 하고요."

그리고는 아버지의 이름과 전화번호를 기억해내어 집으로 연락을 하였다는 것이었다.

이렇게 백일기도가 끝나기 7일 전에 기억을 회복한 언니는 다시 시댁으로 들어가 아기를 낳고 잘 살고 있으며, 가족을 죽인다고 했던 막내동생도 예전의 상태로 돌아와 착하게 살고 있다. 또 그녀는 기도를 하다가 이 세상의 돈이나 명예나 사랑으로는 맛볼 수 없는 깊은 환희를 체험하게 되었고, 지금도 모범적인 불자로 잘 살아가고 있다.

ಜ

이 이야기에서처럼, 지극한 기도를 하면 지독한 원결을 지닌 영가도 천도가 되지 않을 수 없다. 그러므로 영가의 천도를 시작했으면 끝까지 한다는 자세로 나아가야 한다. 어떠한 뜻밖의 사건이 터지더라도 포기를 하여서는 안 된다. 참으로 중요한 고비는 바로 이 때이다. 이때를 잘 넘겨야 한다.

지독한 원결을 지닌 영가를 천도하기 위해 기도를 하다 보면 묘하게도 가족들이 먼저 시험을 한다. 집안이 엉망이 되기도 하고 사람이 다치는 사고도 터진다. 그때 불자들은 기도를 포기하는 생각을 많이 하게 된다.

'죽은 사람을 천도하는 것보다는 살아있는 가족을 돌보는 것이 더 중요한 일이리라. 천도는 다음 기회에 하지.'

그렇게 생각하고 기도를 중단해 보라. 기도를 시작하기 전보다 나아지는 것은 조금도 없고 집안은 더욱 거꾸로 돌아갈 뿐이다.

그 어떤 장애가 발생할지라도, 일단 영가천도의 기도를 시작하였으면 끝까지 밀고 나아가야 한다.

'이 몸이 죽든, 집안이 깨어지든, 누가 병이 나든, 나는 움직이지 않는다' 고 하면서 끝까지 밀고 나아가야 한다. 이렇게 밀고 나가 고비를 넘기고 나면 모든 것은 제자리로 돌아온다. 영가가 천도되어 제자리를 잡고 나면 모든 문제가 일시에 사라지는 것이다.

영가를 천도하고자 하는 불자들이여. 기도 도중에 장애가 생긴다고 하여 결코 포기하지 말라. 기도 도중의 장애는 시련일 뿐이니, 정성을 다해 직접 행하는 천도의 기도를 늦추어서는 안 된다.

그 끝은 영가의 해탈이요 동시에 나의 행복이니….

Ⅳ. 여러 가지 천도법

영가를 천도하는 방법에는 여러 가지가 있다. 불보살님의 명호를 외우는 염불천도법, 광명진언·즘부다라니·천수대비주 등을 쓰거나 외우는 주력천도법, 공덕이 큰 경전을 읽어주는 독경천도법, 지장경·금강경·반야심경·부모은중경 등의 경전을 쓰면서 행하는 사경천도법, 자비도량참법·예념미타도량참법 등의 참법 책을 읽으며 영가 대신 참회하여 좋은 세상으로 보내주는 참법천도, 법력을 지닌 스님이 영가와 직접 대화를 나누어 깨달음의 길을 열어주는 선문답천도 등이 그것이다.

이들 가운데 현재 가장 널리 행하여지고 있는 것은 염불천도·독경천도·사경천도법이다. 여기에서는 누구나 쉽게 행할 수 있는 이 세 가지 천도법에 대해 살펴보고자 한다.

염불천도(念佛薦度)

염불천도는 이름 그대로 불보살님의 명호를 외워 그 가피력으로 영가를 좋은 세상으로 보내는 천도법이다. 어느 불보살님이나 영가를 천도시킬 수 있는 권능이 없는 것은 아니지만, 영가천도와 관련하여 현재 불자들이 많이 부르고 있는 명호는 '아미타불'과 '지장보살'이다. 왜냐하면 아미타불과 지장보살의 근본서원력이 그 어떤 불보살님보다 죽음 뒤의 문제에 대해 초점을 맞추고 있기 때문이다.

곧, 아미타불은 '나의 이름을 부르는 중생 누구나 극락에 태어나게 하겠다'는 것을 근본 원으로 삼고 있으며, 지장보살은 모든 중생으로 하여금 삼악도를 벗어나도록 하고 마침내는 육도윤회로부터 해탈할 수 있도록 하겠다는 원력을 지닌 분이다.

따라서 아미타불이나 지장보살의 명호를 부르면서 그 원력에 의지하게 되면, 영가가 그분들의 가피를 입어 좋은 세상으로 나아간다는 것이 염불천도의 원리이다. 먼저 이들 불보살님과 관련된 천도이야기 한 편씩을 함께 음미해 보도록 하자.

서울 경동시장 부근에 이북에서 내려온 정경남 처사님이 있다. 정경남 처사는 6·25사변의 1·4후퇴 때 20대 중반의 나이로 부모님을 북쪽 고향 땅에 남겨두고 홀로 남하하였다. 물론 그때만 하여도 휴전선이 가로막혀 오도가도 못하게 될 줄은 꿈에도 생각하지 못하였다.

"아버지 어머니, 얼마 지나지 않아 다시 모시러 올 수 있을 것입니다. 다른 곳으로 가시지 말고 기다리십시오."

이렇게 서울로 와서 고향으로 돌아갈 수 있는 날을 기다렸지만, 그 기회는 다시 오지 않았다. 그래도 20여 년 동안은 부모님께서 살아계실 것이라는 기대 속에서 살았다. 그러나 고향을 떠나온 지 30년이 되고 처사의 나이도 50대 중반에 이르자, 부모님이 이 세상에 계시지 않을 것 같은 생각이 크게 자리를 잡았다.

'지금쯤 부모님도 세상을 떠났으리라. 하지만 임종하신 날조차 알 수가 없으니…. 그냥 9월 9일을 택하여 제사를 올려드려야지.'

그해 9월 9일, 정경남 처사는 첫 제사를 지내면서 부모님의 천도를 위한 기도도 함께 시작을 하였다. 새벽에 2시간 저녁에 2시간, 하루 4시간씩 '나무아미타불'을 부르며 축원하였다.

'아버님 어머님, 부디 괴로움의 나라를 벗어나 좋은 나라로 가옵소서.'

정경남 처사는 참으로 부지런히 기도하였다. 아침에 기도를 하다가 밥 먹을 시간이 없으면 굶은 채 출근을 하였다. 늦게 퇴근하는 날 저녁기도를 하고 편한 잠자리에 들면 늦잠 때문에 다음날 새벽기도를 제대로 못하지나 않을까 염려하여, 옷을 입은 채 벽에 기대고 잠깐 눈을 붙였다가 새벽기도를 하고 출근하였다.

몹시 바쁠 때는 2시간을 1시간 30분 정도로 줄여서 한 적은 있었지만, 그것도 몇 번에 불과하였다. 이렇게 정경남 처사는 10년 동안을 하루도 빠뜨리지 않고 부모님의 천도기도를 봉행하였다. 참으로 무섭도록 정성이 깊은 분이었다.

만 10년이 되던 해 초봄, 처사가 아미타불을 부르고 있을 때 눈앞에 큰 배가 나타났다. 꿈이 아닌 현실이었다. 물인지 육지인지 공중인지는 알 수가 없었지만, 배는 백 미터 가량 앞쪽에 있었다. 배 안에는 수갑과 족쇄를 차고 있는 이들이 수백 명이나 있는 듯하였고, 부모님의 모습도 어렴풋이 보였다.

정경남 처사는 부모님의 모습에도 아랑곳하지 않고 아미타불만 열심히 불렀고, 약 10분가량 경과했을 때 배가 눈앞으로 다가왔으므로 배 안의 모습을 매우 또렷하게 볼 수 있었다.

바로 그 순간, 부모님의 손과 발에 채워졌던 수갑과 족쇄가 풀어지면서 기쁨에 가득 찬 모습으로 두 분이 손을 잡고 공중으로 날아오르는 것이었다.

곧이어 배 안에 있던 모든 사람들의 수갑과 족쇄도 풀어지기 시작했다. 어떤 이는 좋아서 노래하고 춤을 추고, 어떤 이는 깡충깡충 뛰고, 어떤 이는 너울너울 날아가고, 어떤 이는 걸어서 떠났다. 모두가 고통이 가득한 배에서 벗어나 동서남북 사방과 하늘로 흩어져

간 것이다.

이상의 이야기를 들려준 정경남 처사는 눈물을 글썽이며 나에게 물었다.

"스님, 이제 우리 아버지 어머니께서 좋은 나라로 가셨다고 믿어도 되겠지요?"

정경남 처사의 부모님은 가장 좋은 나라인 극락세계로 가셨음이 틀림이 없다. 아미타부처님의 원력과 처사의 지극한 정성이 하나가 되었으니 어찌 천도가 되지 않을 수 있겠는가? 처사의 부모님과 함께 고통을 받던 다른 수많은 영가들까지….

1700년대 초반, 21세의 요시꼬(吉子)는 일본 다까다(高田)에 사는 스즈끼(鈴木)라는 남자와 결혼을 하였다. 그런데 신방을 치르고 나서야 남편 집안의 젊은 며느리들이 나이 서른에 모두 죽었다는 이야기를 듣게 되었다. 더욱이 그와 같은 일이 무려 2백년 동안이나 계속 되었다는 것이다.

'나이 서른이 되면 무조건 죽게 된다니….'

크게 상심한 그녀는 친정으로 가서 어머니에게 이야기하였다. 그러자 친정어머니는 잠깐 생각하더니 단호하게 말하였다.

"네가 서른 살에 죽고 싶거든 10년 조금 못 되는 기간이나마 마음껏 즐기면서 편안하게 살고, 서른 살을 넘기고 싶거든 오늘부터 지장보살님께 매달려라. 어떻게 하겠느냐?"

"지장보살님을 부를께요."

"집안 식구들이 방해를 하더라도 상관하지 말고 불러라. 죽는 것은 너다."

그날부터 요시꼬는 쉬임없이 지장보살을 불렀다. 부엌에서 일할 때에도 빨래를 할 때도 잠자리 속에서도 화장실에서도 지장보살을 불렀다. 이 염불소리에 처음으로 역정을 내기 시작한 것은 시아버지의 두 번째 부인이었다.

그나마 시아버지는 이해를 해주었으나, 얼마 지나지 않자 둘째 부인과 하나가 되어 방해하기 시작했고, 시부모가 함께 반대를 하자 마침내는 남편까지 염불을 하지 못하게 하였다. 어느 날 남편은 버럭 소리를 질렀다.

"지장보살 부르는 소리도 듣기 싫고 꼴도 보기 싫으니 친정으로 가버려!"

요시꼬가 울면서 친정집으로 가자, 이번에는 친정어머니가 꾸짖었다.

"답답한 것은 너다. 죽는 것은 너다. 남편이 대신 죽어 준다더냐, 시부모가 대신 죽어 준다더냐? 서른 살 죽을 고비를 넘기고 싶거든 네가 지장보살을 불러야 한다. 어떤 방해에도 꺾여서는 안 된다."

시집으로 다시 돌아온 요시꼬는 가족들의 갖은 구박 속에서도 지장보살 부르기를 멈추지 않았다. 마침내 서른 살이 되던 해 봄, 요시꼬의 꿈에 사람인지 귀신인지 분간이 되지 않는 여인이 나타나서 말하였다.

"나는 2백년 전, 이 집안의 남자들에게 깊은 원한을 품고 죽으면서, 이 집안 며느리들이 서른 살이 되면 모두 죽여버릴 것을 다짐했다. 그 결과는 너도 알고 있을 것이다. 그런데 네가 지장보살을 열심히 부르니, 그 염불소리에 내 원한이 녹아 차마 죽이지를 못하겠구나. 나도 이제 이 원한의 몸을 벗고 싶다. 그러나 나의 죄업이 너무 깊어 이 귀신의 몸을 나의 힘으로는 벗을 수가 없구나. 너에게 부탁하노니, 지장보살의 츰부다라니를 나무판에 새겨 10만장을 찍어라. 그리고 백중날 음식을 만들어 배에 싣고 스미다가와(隅田川)를 오르내리며 음식과 츰부다라니를 강물에 넣어주도록 해라. 그렇게만 하면 그 공덕으로 나는 모든 업을 면하여 좋은 나라에 태어날 수 있게 된다. 하지만 그렇게 해주지 않으면 이 집안 며느리들은 계속 서른이 되면 죽게 될 것이다. 이 집안이 잘 되고 못 되고는 너에게 달렸으니 꼭 명심하기 바란다."

백중까지 남은 날은 백 일도 채 되지 않았지만 요시꼬는 밤잠을 줄여가며 츰부다라니 10만장을 찍었으며, 가족들의 도움으로 많은 음식을 장만하게 되었다. 백중날 그들 부부는 꿈 속에 나타난 영가의 부탁대로 강을 오르내리며 츰부다라니와 음식을 던져주었고, 그날 밤 부부는 똑같은 꿈을 꾸었다.

스미다가와 강 위에 공중에 광명을 발하는 구척 장신의 노스님이 우뚝 서서 손에 든 줄을 강물 위로 흔들자, 물 속의 귀신들이 그 줄을 잡고 따라 올라가는 것이었다. 목이 잘린 귀신, 팔다리가 떨어진 귀신, 아기를 안은 어머니 귀신, 처녀 귀신, 총각 귀신 등 그 수를 헤아릴 수가 없었다.

그 일이 있은 뒤 그 집안의 며느리들이 서른에 죽는 일이 없어졌고, 요시꼬는 아흔 살까지 장수하였다. 또 슬하에 십여 명의 자녀를 두었는데, 모두가 출세하여 부귀영화를 누렸다. 그들 부부는 보은의 뜻으로 집을 절로 바꾸어 지장사(地藏寺)라 하였다.

지금도 지장사에는 그 때의 즘부다라니판이 보관되어 있으며, 매일같이 많은 신도들이 영험있는 이 절을 찾고 있다.

❧

이 두 편의 이야기는 참으로 흔하지 않은 영험담이다. 그런데 이들 이야기를 들려주면 덜컹 겁부터 내는 불자들이 있다.

"어휴, 10년을 어떻게 기도를 해."

그렇다. 요시꼬처럼 자신의 목숨과 관련이 있을지라도 10년 기도는 어려울 것이다. 더군다나 정경남 처사처럼 부모의 천도를 위해 10년 동안 하루 4시간씩 천도를 한다는 것은 지극한 효자가 아닌 이상 불가능한 일이다.

요시꼬와 정경남 처사는 아주 특별한 경우에 처한 사람이었다. 요시꼬는 매우 깊은 원한을 품은 귀신의 저주를 풀어야 했고, 정경남 처사는 '다시 와서 모셔가면 되겠지' 한 것이 부모님과의 영원한 이별로 이어진 데 대한 한을 풀기 위해서라도 열심히 하지 않을 수 없었을 것이다.

물론 이들처럼 특별한 원한을 지닌 영가의 저주나 마음 속 깊이까지 새겨진 한이 없는 경우라면, 천도를 위해 이토록 오래 염불을 할 필요는 없다. 보통의 경우라면 백 일만 기도하여도 능히 부모님 등의 가족을 천도시킬 수가 있다. 아침 저녁 2시간씩 아미타불이나 지장보살을 염하며 '고통의 나라를 벗어나 좋은 나라로 갈 것'을 축원하면 틀림없이 천도가 된다.

그런데 정경남 처사는 백 일이 아니라 3천 일이 넘는 10년 기도를 하였다. 어떤 이는 말할 것이다. '백일기도나 10년 기도나 천도가 되는 것은 마찬가지 아닌가. 다를 것이 무엇인가' 하고….

하지만 틀림없이 다른 것이 있다. 보통의 천도는 그 당사자만 천도가 되지만, 정경남 처사의 10년 염불은 부모님과 함께 배를 탔던 이들까지 모두 천도를 시켰던 것이다. 그 천도는 그야말로 대승의 천도였다.

대승적인 천도! 그 속에는 자타(自他)가 없고, 자연 부모와 그 배에 탔던 사람들뿐만 아니라 정경남 처사의 사후 또한 극락이 보장되어 있는 것이다.

요시꼬 또한 마찬가지였다. 스스로의 목숨을 살리고자 시작한 지장염불이었지만, 10년 동안 쌓은 그 공덕으로 인해 2백년의 원결도 녹였고, 스미다가와 강물 속의 무수한 영가들까지 천도를 시킬 수가 있었다. 아울러 그녀의 후손들은 완전히 불행에서 벗어나 부귀영화를 누렸던 것이다.

이 두 편의 이야기에서처럼 대승적인 천도를 하지는 못할지라도, 가족 및 가까운 이를 천도시켜 주고자 염불을 하는 불자라면 정성을 기울여 백 일 정도는 하여야 한다.

'고통의 나라를 벗어나 행복의 나라로 나아가게 하소서.'

이렇게 마음속으로 축원을 하면서 아침저녁 1시간씩이라도 아미타불이나 지장보살을 불러 보라. 영가의 장애 때문에 풀리지 않는 일이 있다면 영가가 천도되면서 모든 일들이 저절로 풀리게 된다.

부디 아미타불이나 지장보살을 부르면서 영가를 천도시키고자 한다면 염불을 하는 그 시간만큼이라도 정성을 다하기 바란다. 그 정성만큼 결과 또한 좋게 나타나는 법이니….

독경천도(讀經薦度)

독경천도는 이름 그대로 영가에게 공덕이 되는 경전을 읽어주면서 행하는 천도법이다. 이렇게 공덕을 심어주는 경전들을 불가에서는 공덕경(功德經)이라고 하는데, 현재 널리 읽혀지고 있는 공덕경으로는 금강경·아미타경·지장경·관음경·약사경·법화경 등이 있다.

이들 공덕경 중 어떤 경전을 택하여 읽어도 효과는 같으므로, 형편에 맞게 하나를 택하여 꾸준히 읽어주면 된다. 이제 그 구체적인 요령을 말하기 전에, 서울 신당동에 살았던 자명성 보살의 독경천도 영험담부터 함께 음미해 보도록 하자.

자명성 보살이 불교와 처음 인연을 맺은 것은 50대 초반에 3년 동안 신장병으로 크게 고생을 하고 있을 때였다. 그때 사돈의 권유로 관세음보살을 염하다가, 꿈에 흰 옷을 입은 할머니로부터 10여차례 약물을 받아 마시고 완쾌됨으로써 불교를 깊이 믿게 된 것이다.

이 자명성 보살이 2남 2녀의 막내딸을 시집 보낼 즈음, 신랑집에서 예단을 보내왔다. 그런데 그날 밤 꿈에 예단 한복판에 예물로 보내오지도 않은 족두리가 선명하게 보이면서, 꿈속인데도 '무엇인가 있구나' 하는 생각이 들었다.

곧 사돈댁의 원귀가 예단에 묻혀 함께 온 것이라 느꼈던 것이다. 왜냐하면 사돈댁이 손을 대는 사업마다 모두 실패를 하고, 가족들도 이상하리만치 어려운 사정에 빠져드는 경우가 많았기 때문이었다. 보살은 꿈에서 깨어나자 곧바로 지장경을 독송하고 기원하였다.

"예단에 싸여 온 영가가 사돈댁과 인연이 있는 영가이든 또 다른 영가이든, 부처님과 지장보살의 공덕을 입어 밝은 길로 나아가지이다."

"예단에 싸여 온 영가들과 사돈댁 집안의 영가들이

극락에 왕생하여지이다."

이러한 축원을 하며 보살은 며칠동안 지장경을 하루에 한 편씩 정성껏 읽어주었다. 그러자 꿈에 옷을 단정히 입은 여자가 기쁨에 넘치는 표정을 지으며 나타나 공손히 절을 하고 물러갔다. 그런데도 예단에 싸인 족두리는 여전히 보였으므로 계속 지장경을 독송하고 축원하였다.

20일이 지나자 꿈에 족두리를 쓴 단정한 젊은 여인이 나타나 정중한 자세로 정성을 다해 절을 하고 사라졌다. 자명성 보살은 사돈댁 영가를 위해 백 일을 기도해주겠다는 마음으로 계속하였고, 백 일이 다 되었을 무렵 노란 저고리에 남색 치마를 입은 여인이 손에 흰 수건을 들고 나타나 절을 하고 물러나는 것이었다.

그 꿈을 꾸고 나서, 사돈댁에 원한이 있는 영가들이 구원을 받을 인연을 찾아왔다가 지장보살의 가피를 입어 모두 천도되었음을 보살은 직감하였다. 그 뒤 자명성 보살 사돈 집안의 우환은 저절로 사라졌고, 사업도 잘 풀려 예전처럼 편안한 삶을 누리게 되었다.

8

이 이야기에서처럼 공덕경을 읽어주는 독경천도의

영험은 생각 이상으로 크다. 만약 공덕경을 통하여 영가를 천도하겠다는 생각이 있으면 하나의 경을 택하여 하루에 한 편씩 백 일 동안 읽어주기 바란다. 아울러 다음의 몇 가지 사항은 꼭 지키는 것이 좋다.

① 천도의 기도를 할 때 무엇보다 중요한 것은 영가를 위한 축원(祝願)이다. 축원은 경을 읽기 전과 경을 다 읽은 다음 세 번씩 하여야 한다.

"이 경을 읽는 공덕을 ○○○영가에게 바칩니다. 영가시여, 불보살님의 가피를 입고 괴로움의 나락에서 벗어나 좋은 나라로 가소서."
"이 경을 읽은 공덕을 ○○○영가에게 회향합니다. 이 공덕으로 ○○○영가가 좋은 나라로 나아가지이다."

이상의 예와 같이 적당한 축원문을 만들어 꼭 3번씩 축원해주기 바란다.

② 영가천도를 위해 백 일 등의 기한을 정하고 경을

읽기 시작하였으면, 아무리 바쁘더라도 빠뜨리는 날이 있어서는 안 된다. 정녕 바빠서 못 읽을 경우라도 조금 읽다가 그 다음날 이어서 읽을지언정, 바쁘다는 핑계를 대고 책장을 한 장도 넘기지 않은 채 그냥 넘어가는 날이 있어서는 안 된다.

③ 한문 해독 능력이 뛰어난 이라면 공덕경을 읽을 때 한문 원문으로 읽는 것도 좋지만, 한문 해독 능력이 충분하지 못한 이는 뜻을 한글로 풀어 번역해 놓은 것을 읽는 것이 좋다. 왜냐하면 읽는 사람이 그 내용을 이해하지 못하면 영가도 알아듣지 못하기 때문이다. 영가는 마음과 마음으로 통하는 존재이므로 '나'의 이해가 꼭 선행되어야 한다.

그리고 그 경전을 영가에게 들려준다는 자세로 정성껏 읽어야 한다. 그냥 한 편을 '읽기만 하면 된다'는 자세로 집중을 하지 않고 읽게 되면 영가가 이해를 하지 못한다. 꼭 스스로 뜻을 새기고 이해를 하면서 읽어주기 바란다.

이제 독경천도와 맥락을 같이하는 사경천도에 대해 살펴보자.

사경천도(寫經薦度)

 사경천도는 말뜻 그대로 경전을 한 자 한 자 정성껏 써내려가면서 영가를 깨우치고 좋은 곳으로 나아가도록 축원을 해주는 천도법이다. 이러한 사경천도의 영험담은 수없이 많지만, 여기에서는 사경 중에 특이한 일이 있었던 통도사 정진(正眞) 스님의 예를 들고자 한다.

 조선시대 말 통도사 백련암에서 승려생활을 했던 정진스님은 울산에 살았던 아버지 송유양이 돌아가셨을 때 49재를 지내주었으므로 마땅히 천도가 되었을 것으로 생각하였다. 그런데 어느 날 밤에 꿈을 꾸었다. 포졸옷을 입은 7~8명의 장정이 달려들어 바닷가로 끌고가더니, 강제로 배에 태워 무인도에다 내려놓는 것이었다.
 그때 누군가가 '스님' 하고 불렀다.
 "스님은 어느 절에 계시며 법명은 어떻게 됩니까?"
 "통도사 백련암에 있는 정진입니다."
 "고향은 어디입니까?"

"울산이오."

"아이구, 내 아들아!"

그때서야 상대를 자세히 살펴보니, 고초에 시달려 핼쑥해진 모습은 예와 같이 않았지만 틀림없이 아버지 송유양이었다.

"아버지, 이것이 어떻게 된 노릇입니까?"

"아들아, 세상에 살 때 재산이 있는 양반이라 하여 사람들을 괄시하고 짓밟은 과보로, 지금 나는 뱀들이 우글거리는 요사지옥(繞蛇地獄)에 떨어져 고통을 받고 있단다. 제발 이 고통에서 벗어나게 해다오."

"제가 어떻게 해드려야 합니까?"

"내가 이 지옥에 들어온 후로 여기에서 벗어나 천상에 태어난 이가 꼭 한 사람 있다. 그는 중국 소주 땅에서 관리 노릇을 했던 정익수라는 사람인데, 그의 아들 태을이 법화경을 천 번 읽으며 천도해 준 공덕으로 고통에서 벗어나 천상에 태어나게 되었느니라. 너도 나를 위해 법화경 한 질을 베껴 쓰고 독송하여, 이 고통에서 벗어나게 해다오."

그리고는 무엇에 의해 끌려가는지 몸을 벌벌 떨며 말하였다.

"또 지긋지긋한 고문의 시간이 되었구나. 부탁이다. 제발 내 말을 잊어버리지 말아라."

"아버지, 아버지!"

정진스님은 소리를 치다가 꿈에서 깨어났다. 스님은 울산의 어머니를 찾아가 꿈 이야기를 하고, 전국을 다니며 탁발하였다. 왜냐하면 경을 쓰는데 필요한 종이와 금가루뿐만이 아니라, 경전을 쓰는 이에 대한 양식과 의복과 사례금, 기도하는 동안 법당스님과 공양주와 머슴들에게 쓸 비용까지 모두 마련해야 했기 때문이다.

이렇게 경비가 마련되자 순천 선암사의 대강백이요 명필로 이름난 김경운(金擎雲) 스님을 모셔와 검은 색 한지에 금으로 법화경을 써줄 것을 청하였다.

금가루로 글씨를 쓰면 붓이 금방 마모되어 버린다. 경운스님이 법화경 8권 중 4권을 쓰고 나자 처음 마련했던 붓들이 모두 마모되어 버렸다. 때마침 눈이 많이 와서 붓을 사러 갈 수도 없었다. 그런데 청소를 하기 위해 방문을 열자, 족제비 한 마리가 뛰어들어와 아랫목에 자리를 잡는 것이었다.

"나가거라. 추워서 들어왔는지는 몰라도 여기는 네

가 들어올 자리가 아니다."

그러나 족제비는 나갈 생각을 하지 않았다. 손으로 밀어내어도 꼼짝도 하지 않았다. 경운스님은 느낀 바가 있어 족제비에게 말하였다.

"효자 정진스님의 아버지를 위한 거룩한 불사에 네 몸의 털을 보태겠다는 것이냐? 네 뜻이 그렇다면 받아들이마."

경운스님이 살아있는 족제비의 꼬리털을 모두 뽑는 동안 족제비는 꼼짝도 하지 않았다.

"고맙구나. 이것으로 붓을 만들면 이 경전을 다 쓰고도 남겠구나."

그때서야 족제비는 방에서 나갔고, 경운스님이 법화경 사경을 끝내자, 정진스님은 통도사 적멸보궁에 금글씨로 쓴 법화경을 올리고 축원하였다.

"아버지를 위해 이 책을 만들었습니다. 꼭 좋은 세상으로 나아가게 해주십시오."

그날 밤 정진스님의 꿈에 아버지가 나타나 말하였다.

"고맙다. 네 덕분에 요사지옥에서 벗어나 천상으로 오르게 되었구나. 스님 노릇 잘 하기 바란다."

또, 아내의 꿈에도 나타나 당부하였다.

"여보, 사람이 잘 산다는 것은 남 앞에서 잘난 척하거나 잘 입고 잘 먹는 것이 아니라, 남에게 자꾸 베풀어주고 공덕을 쌓으며 사는 것이라오. 당신 농 속의 옷만 하여도 평생 입고도 남으니 더 이상의 옷을 가지려 하지 마시오. 소작하는 사람들이 가을에 양식을 가지고 오면 적다며 책하지 말고, '고맙다'고 하면서 주는 대로 받으시오. 어떻게 하든 복을 닦으시오. 나는 당신과 스님 아들이 있어 이렇게 제도를 받았지만, 당신 뒤에는 그렇게 해 줄 사람이 없으니 당신 복은 당신이 닦아야 할 것이오."

그때가 1901년이었고, 현재 이 금자법화경은 통도사 성보박물관에 보관되어 있다.

ϟ

정진스님은 지옥에 빠진 아버지를 천도하면서 실지로는 법화경을 한 편도 읽지 않았다. 다만 사경 전이나 사경 중에 정성을 다하였을 뿐이다. 그런데도 아버지는 요사지옥을 벗어나 천상으로 인도되었다. 이처럼 사경의 공덕이란 크고도 큰 것이다.

이와 같은 사경천도는 민간에서뿐만 아니라 왕실에서도 크게 유행하였다. 왕실에서는 당대 최고의 명필로 하여금 글씨를 쓰게 하였고, 때로는 그 글씨를 목판에 새긴 다음 많은 양의 경전을 찍어 여러 곳에 배포하였다.

보통의 불자들은 이렇게까지 할 것은 없고, 오직 한 글자 한 글자에 정성을 다하여 써내려가면 된다. 예를 들어 하루 1시간을 정해 놓고 써도 좋고, 13품으로 구성된 지장경이라면 매일 1품씩을 쓰는 것도 좋다. 붓이 아니라, 연필이나 싸인펜을 이용하면 된다.

또 독경과 사경을 함께 하는 것도 하나의 방법이다. 예를 들면 지장경을 하루 한 편 읽으면서, 조금씩 사경도 함께 하는 것이다. 이렇게 사경을 할 때도 독경을 할 때처럼 처음과 끝에 영가를 위한 세 번씩의 축원을 잊어서는 안 된다.

아울러 독경 · 사경과 함께 주위 사람들에게 법보시를 행하는 것도 매우 권할 만한 일이다. 이 때에는 불교 신행에 도움을 주고 사람들을 쉽게 깨우칠 수 있는 책을 법보시하는 것이 좋다. 읽는 사람을 깨달음의 길로 들어가게 하는 것이야말로 영가에게 큰 공덕이 되기 때문이다.

이상에서 살펴본 천도법 중 염불천도가 불보살님의 가피력에 의지하여 영가의 천도를 이루는 것이라면, 사경천도와 독경천도는 법보(法寶)에 의지하여 법문을 영가에게 들려주고 영가의 이름으로 공덕을 쌓아줌으로써 천도를 시키는 것이다.

거듭거듭 이야기하지만 천도는 정성이다. 부디 한평생 중에 한 번의 시간을 내어 가족·친족·조상을 위한 천도를 정성껏 해주기 바란다.

천도의 끝은 행복이다. 살아있는 이나 이미 죽은 이나 모두 함께 행복의 길로 올라서게 되나니….

Ⅴ. 사십구재

사십구재(四十九齋)란?

49재는 죽은 이의 명복을 빌고 좋은 세상으로 나아가도록 하기 위해 49일 동안 개최하는 천도의식이다. 이 49재는 사람이 죽은 날로부터 매 7일째마다 7회에 걸쳐 지내기 때문에 달리 칠칠재(七七齋)라고도 한다.

이 49재에 대해 우리는 몇 가지 의문을 가져 볼 수 있다.

첫째, '왜 하필이면 49일을 기한으로 삼아 재를 지내는가' 하는 것이다. 그 까닭은 두 가지로 요약된다.

① 사람이 죽으면 다음 생(生)을 받을 때까지 49일 동안 생과 사의 중간 상태인 중음신(中陰身)이 되어 떠돌

면서 다음 생의 인연처를 정하게 된다. 따라서 이 49일 동안 유가족이 영가를 위해 재를 올리며 공덕을 지어주면, 나쁜 업을 지은 영가는 불보살님의 가피 덕분에 고통의 세상으로 나아가지 않게 되고, 평범한 업을 지은 영가들은 훌륭한 공덕을 이루어 보다 더 좋은 인연처를 만나게 된다는 것이다.

② 이 49일 동안은 영가의 식(識)이 매우 맑아져 있기 때문에 살아생전보다 부처님의 법문을 더욱 잘 알아들을 수 있다. 따라서 이 기간 동안 법문을 정성껏 들려주면 영가가 매우 지혜로워져서 지난 세상에 대한 애착을 끊고, 쉽게 해탈을 이루어 행복의 나라로 나아가게 된다는 것이다.

두 번째 의문은 7일마다 한 번씩 재를 지내는 까닭이다. 여기에도 두 가지 뜻이 간직되어 있다.

① 사람이 죽어 중음신이 되면 보통 7일에 한 번씩 기절하였다가 다시 깨어나며, 그때마다 몹시 불안해하고 두려움을 느낀다. 아울러 7일마다 한 번씩 여러 가지 색의 새로운 빛들이 보이고 환경이 바뀌게 된다. 따라서 그 주기에 맞추어 재를 지내줌으로써, 불안과 두

려움을 떨쳐버리고 좋은 빛을 따라 좋은 세상으로 나아가게끔 하기 위해 7일마다 재를 지내준다는 것이다.

② 명부세계(冥府世界)를 관장하는 시왕(十王)의 심판 및 형벌과 관련시켜 7일마다 재를 지내고 있다.

명부는 고통이 매우 심한 곳이고, 10대왕은 고통받는 명부의 죄인을 관장하고 있다고 믿기 때문에, 불교와 도교에서는 사람이 죽으면 10대왕의 관용을 비는 열 번의 재(齋)를 지내도록 하고 있다. 곧 제1 진광대왕부터 제10 오도전륜대왕까지 열 분의 시왕이 죽은 이를 차례로 심판하는 초 7일, 2·7일, 3·7일, 4·7일, 5·7일, 6·7일, 7·7일과 100일째 되는 날, 1주기, 2주기 때 재를 올려 죄업을 사하도록 한 것이다. 이 가운데 앞의 일곱은 49재, 뒤의 셋을 백재(百齋)·소상재(小祥齋)·대상재(大祥齋)라 칭하고 있다.

이와 같이 각 대왕들이 49일 중 매 7일마다 한 번씩 죽은 이가 지은 생전의 업을 심판하여 벌과 상을 주므로, 그날마다 재를 지내줌으로써 부처님의 가피 아래 벌을 면하고 좋은 세상으로 나아갈 수 있도록 한다는 것이다. 마치 재판을 할 때 훌륭한 변호사를 사서 좋은 판결을 얻어내고자 하는 것과도 같다.

총괄적으로 이를 정리하면, 49재는 7일마다 일곱 번의 재를 지내줌으로써 영가의 공덕을 쌓아주고, 부처님의 법문을 듣고 영가가 지혜를 밝혀 좋은 세상으로 나아갈 수 있게끔 하는 천도법이다. 그러므로 유가족이 49재를 지낼 때는 이러한 뜻을 잘 새겨 재를 모셔주어야 한다. 곧 마음으로, 몸으로, 물질적으로 정성을 다하여 재를 올려야 하는 것이다.

그럼 구체적으로 어떠한 정성을 기울여야 하는 것일까? 먼저 한 편의 이야기를 음미하여 보자.

중국 송나라 때, 이부상서라는 높은 관직에 있었던 범중암 대감은 어머니가 돌아가시자 생각하였다.

'어머니의 크신 은혜에 보답하는 길은 법에 맞게 49재를 올려 좋은 세상으로 보내드리는 것보다 더 좋은 방법이 없으리라. 하지만 관직에 있으면서 재를 모시면 국가의 일도 온전히 할 수가 없고 상주 노릇도 제대로 할 수가 없다.'

범중암은 사표를 제출한 다음, 가족 모두를 데리고 현묘사로 들어갔다. 현묘사는 2백명 대중이 사는 큰 절이었다. 그곳에서 범중암을 비롯한 남자들은 스님네 심부름과 청소 등의 일을 하였고, 부인·딸·며느리들은 공양을 짓는 등의 부엌일을 도맡아서 행하였다.

이렇게 온 가족이 망인을 위해 공덕을 쌓으며 세 번째 재를 올린 날 저녁, 범중암 대감의 꿈에 어머니가 나타나 다급하게 청을 하는 것이었다.

"아들아, 큰일났다. 생전에 저지른 나의 죄가 너무 많아 49재가 끝나기도 전에 판결이 이루어진다는구나. 나는 틀림없이 나쁜 과보의 세계로 떨어지게 되어 있으니, 부디 나를 도와주려무나."

"어머니, 어떻게 하면 됩니까?"

"나를 위해 공덕경(功德經)을 읽어다오. 너무나 다급하다."

꿈에서 깨어난 범중암은 주지스님께 달려가 어머니께서 현몽하여 당부한 내용을 아뢰었고, 주지스님은 영가에게 읽어주면 특히 공덕이 크다는 지장경·금강경·아미타경·관음경·법화경·능엄경·원각경·부모은중경 등의 공덕경 중에서 금강경을 택하였다.

그리고 현묘사 스님 2백명을 모두 동원하여 매일 새벽·오전·오후·저녁의 네 차례 동안 금강경을 독송하였다. 이렇게 경을 독송한지 5일째 되는 날 밤, 어머니가 꿈에 나타나 매우 기뻐하며 말씀하셨다.

"고맙다, 아들아. 현묘사 대중스님 모두가 공덕경을 읽어 준 공덕으로 나는 큰 가피를 입어 죄업을 면하게 되었단다. 더군다나 어제는 관세음보살님이 오셔서 경을 읽어 주셨다. 현재 현묘사에는 관세음보살님께서 떠나지 않고 계시니, 나를 대신하여 관세음보살님께 감사를 드려다오."

"어머니, 어느 분이 관세음보살입니까?"

"날이 새거든 대중스님들이 모인 자리로 가서, '어제 오전 시간에 경을 반만 읽고 밖으로 나간 스님이 누구냐'고 여쭈어 보아라. 그 분이 관세음보살님이니라."

날이 밝아 범중암 대감은 대중스님들을 찾아가 어머니께서 일러주신 대로 물었다. 대부분의 스님들은 모르겠다며 두리번거리기만 하는데, 한 스님이 멋쩍게 머리를 긁적이며 말하였다.

"내가 그랬어요. 법당의 대중은 많은데 부엌에서 일하는 사람은 모자라는 것 같아 도와주려고 나갔다오."

그러면서 노출시키지 말 것을 당부하는 표시로 손가락을 입에 대며 뒷걸음질을 쳤다. 범중암 대감은 바닥에 엎드려 감사의 절을 올렸다. 그리고 몸을 일으켜 세웠을 때는 이미 관세음보살이 보이지 않았다고 한다.

상주의 정성과 천도

이제 이 이야기를 되새기면서 49재를 지내는 유가족들의 자세에 대해 논하여 보자.

범중암 처사는 어머니가 돌아가시자 이부상서라는 높은 벼슬자리에서 물러나 온 가족을 데리고 현묘사로 들어갔다. 물론 오늘날과 같이 효행보다는 경제윤리를 중요시하는 자본주의 사회에서는 생각조차 할 수 없는 경우일 것이다.

그러나 어머니의 천도를 위해 온 가족이 부엌일 청소일 등을 하면서 49재를 올렸던 그 정성만은 꼭 배워야 한다. 그와 같은 정성이 없으면 망인의 천도가 쉽게 이루어지지 않기 때문이다.

49재를 지내주면 바로 영가들이 천도가 된다고 생각하는 불자들이 많지만, 실제에 있어서는 그렇지가 않다. 다시 한 번 조계종 총무원장을 역임하셨던 고산스님의 경험을 예로 들어보자.

❀

고산스님이 부산 칠산동에 있는 법륜사 주지를 맡았을 때 법당을 청소하다 보니, 부처님 탁자 밑에 위패와 사진이 한 트럭분이나 있는 것이었다. 수십 년 동안 모아두었던 그것들을 없애기 위해 고산스님은 3일 동안 재를 지내주었다.

그런데 그 3일 동안 수많은 남녀가 꿈에 나타나는 것이었다. 갓을 쓴 사람, 보따리를 든 사람, 아이를 데리고 있는 여자 등 수백 명이 어디론가 가고 있었다. 스님은 그들에게 물었다.

"어디로 갑니까?"

"주인이 가라고 하여 떠나는 것이니, 갈 곳도 정해주겠지요."

고산스님은 3일 동안의 재를 지낸 다음 부처님 탁자 밑의 위패와 사진을 모두 끄집어내었다. 그런데 꿈에 나타났던 이들은 모두 그 사진 속의 얼굴이었다.

'아! 그랬었구나.'

영가들이 천도되지 않고 법당에 머물러 있었음을 느낀 고산스님은 영가들이 좋은 나라로 갈 것을 축원하면서 위패와 사진들을 모두 태웠다.

그 뒤 고산스님이 서울 조계사 주지를 맡았을 때는 법륜사의 경험을 바탕으로 삼아 7일 동안 정성껏 천도재를 지내주고, 세 트럭분이 넘는 조계사 법당의 위패와 사진들을 태웠다. 그리고 나를 만났을 때 고산스님은 말하였다.

"49재를 지내준다고 하여 모두가 좋은 곳으로 가는 것이 아님을 알았습니다. 생전에 욕심과 집념이 강했던 영가는 단순한 49재만으로는 쉽게 천도가 되지 않는 듯합니다."

실로 고산스님의 경험담처럼 형식적인 49재만으로는 망인의 천도가 쉽게 이루어지지 않는다. 그럼 어떻게 해야 망인을 잘 천도시킬 수가 있는가? 반드시 유가족의 정성이 따라주어야 한다. 유가족의 정성이 천도의 원동력이 되는 것이다. 그래서 나는 49재를 지내는 재자(齋者)들에게 늘 부탁드린다.

"상복을 입고 있는 동안에는 '나' 혼자가 아닙니다.

49재를 지내는 동안은 망인과 '나'가 같이 있음을 꼭 명심하십시오. 나의 말, 나의 행동 하나가 망인을 좋은 곳으로 나아가게 하느냐, 진흙 바닥에 처박느냐를 결정짓습니다. '정성 성(誠)' 한 글자를 마음 깊이 새기고 천도하십시오."

그런데 오늘날 49재를 모시는 유가족들은 어떻게 하고 있는가? 대부분의 상주들은 재를 올리는 사찰의 부엌에 들어가 설거지조차 거들지 않는다. 절에다 일정액의 돈을 드리고 나서 재가 있는 날에만 찾아와, 영단을 향해 잔을 올리고 절을 몇 번 하면 상주 노릇을 다 한 것으로 생각한다.

부모의 은혜를 갚는다는 마음으로 정성을 모으는 것이 아니라, 대리 상주인 사찰의 스님들에게 모든 것을 미루어버린다. 부모의 임종을 접한 자리에서 하염없이 눈물을 흘렸던 이들이, 채 며칠도 지나지 않아 '나'의 몸 편한 쪽으로 움직이기 시작한다.

이렇게 하여서는 영가의 공덕을 쌓아준다는 49재의 의미가 크게 반감되어버리고, 영가는 좋은 세상으로 나아가지 못한다. 정성 없는 천도재의 결과는 너무나 자명한 것이다. 이와 관련된 나의 경험담 한 편을 함께 음미해 보자.

울산이 고향인 노인 한 분이 72세의 나이로 자살을 하였다. 고급 공무원을 비롯하여 아들 다섯이 모두 사회적으로 출세를 하였는데, 무엇이 잘못되었음인지 자살을 한 것이다. 그리고 서울에 있는 한 스님의 청으로 울산 학성선원에서 49재를 지내게 되었다. 그때 그 스님은 말하였다.

"스님, 스님만 알고 계십시오. 그 할아버지는 잘못 가셨어요. 유가족들에게는 아는 척 하지 마시고, 신경을 써서 49재를 올려주십시오."

평범한 죽음이 아니라 자살을 하면 천도가 쉽게 이루어지지 않는다. 왜냐하면 살아생전의 업에다 자살을 한 과보가 더해지고, 또 자살할 때의 맺힌 마음이 쉽게 풀어지지 않기 때문이다. 그러므로 초재를 지낼 때 유가족들에게 각별히 당부하였다.

"시일이 오래 걸려도 괜찮으니, 돌아가신 아버지를 위해 금강경을 천 번 읽어드리세요. 하루에 두 번도 좋고 한 번도 좋습니다. 그렇게 해드릴 수 있겠습니까?"

그러자 아들·딸·며느리 할 것 없이 모두가 '읽겠다'고 하였다. 그리고는 28일이 흘러 5재날을 맞았다. 부처님께 마지를 올리고 유가족들과 함께 지장단을 향하여 '지장보살'을 부르고 있는데 눈이 스르르 감기는 것이었다. 분명히 존 것도 아니요, 나의 입에서도 마음으로도 지장보살을 또렷이 새기고 있었다.

그런데 순간적으로 지장단 쪽에서 경찰관 네 사람이 나와 나의 오른쪽 옆으로 오더니, 파출소 소장처럼 생긴 이는 의자에 앉고 나머지 셋은 그를 호위하며 서 있었다. 의자에 앉은 이는 나를 향해 손가락질을 하며 말을 걸었다.

"스님, 우리 내기합시다."

"내가 당신하고 내기할 것이 무엇이오? 나는 내기를 할 생각이 없소."

"스님, 내기를 해야 합니다. 두고보십시오."

순간, 왼쪽을 돌아보니 일흔이 넘은 노인이 양복을 입고 서 있는데, 고개를 푹 숙이고 온 몸을 웅크린 것이 완전히 기가 죽은 모습이었다.

'오늘이 5재날이니, 명부 시왕 중 제5대왕인 염라대

왕이 와서 내기를 하자는 것이로구나. 그런데 저렇게 자신이 만만하니…. 아! 유가족들이 나와 한 약속을 한 사람도 지키지 않았구나.'

이렇게 생각하며 눈을 떠보니 아무 것도 보이지 않았다. 그대로 재를 끝마친 다음, 유가족들이 점심을 먹는 자리로 가서 물었다.

"어느 분이 금강경을 읽고 있습니까? 모두가 천 번을 읽겠다고 약속하셨더랬는데…."

아무도 읽고 있다는 이는 없었고, 나는 다시 한 번 간곡히 당부하였다.

"망인이 되신 분이 정상적으로 가셨다면 그와 같은 부탁을 드리지 않았을 것입니다. 여러분들은 이웃 사람들에게도 공개하기 부끄러운 모습으로 아버지를 보내놓고, 49재를 지내는 것만으로 할 일을 다 한다고 생각합니까? 도대체 아버지를 위해 무엇을 하고 있습니까? 지금부터라도 정성껏 하십시오. 그렇지 않으면 참으로 좋지 않은 결과를 맞이하게 됩니다."

8

염라대왕이 나타나 자신 있게 '내기하자'고 한 것은 망인을 위한 유가족의 정성이 없었기 때문이었다. 바꾸어 말하면 '유가족의 정성이 없으면 재를 지낸들 소용이 없다'는 염라대왕의 경고였던 것이다.

그럼 그 결과는 어떻게 되는가? 망인은 한없는 고통의 과보를 받게 되고, 유가족도 편안한 삶을 누리지 못하게 된다.

나중에 좋지 않은 일이 생겼을 때 영가를 천도하고자 하는 것보다, 49재 기간 동안 망인을 위해 정성을 기울여 주면 훨씬 적은 노력으로 큰 결실을 볼 수가 있다.

왜냐하면 상주의 신분으로 재를 올리는 이 49일 동안에 망인을 위해 공덕을 심어주면, 그 공덕이 망인의 것이 되어 망인의 해탈로 이어지기 때문이다.

그러나 49일이 지나면 망인은 생전의 업을 따라 과보의 몸을 받게 되고, 과보의 몸을 받고 나면 망인을 위해 기도를 한다 해도 열 배 이상의 힘이 들 수밖에 없다.

그러므로 49재를 지내는 기간 동안 지극한 마음으로 정성을 다하여야 하는 것이다.

유가족에게 당부드리는 세 가지

그럼 49재 기간 중 유가족들은 망인을 위해 어떻게 정성을 기울여야 하는가? 이에 대해 세 가지를 당부드리고자 한다.

첫째, 집안에 상청(喪廳)을 마련하여 아침저녁으로 상식(上食)을 올려야 한다.

상청은 상가에서 망인의 혼백을 모셔 놓는 곳이요, 상식은 아침 저녁으로 혼백 앞에 올리는 음식을 뜻한다. 그런데 요즈음의 불자들은 집에 상청을 마련하지도 않고 상식을 올리지도 않는다.

"절에서 재를 지내는데 상청은 무슨 필요가 있으며, 상식을 올릴 필요가 무엇인가."

일부 스님네들까지 이렇게 가르치고 있기 때문에 더욱 상청을 설치하지 않고 상식을 올리지 않는다. 옛날같으면 상청을 설치함은 물론이요, 소상·대상을 지내고 탈상할 때까지 만 2년 동안 상식을 올렸다. 처음 석 달은 아침 저녁으로 상식을 올리고, 석 달이 지나면 초하루와 보름날만 상식을 올렸던 것이다.

그런데 요즈음은 상청도 쉽게 찾아볼 수가 없고 아침

저녁으로 당연히 올려야 할 상식도 생략한 채, 절에서 49재만 지내는 것으로 상주의 도리를 다한 것처럼 생각한다. 유행처럼 이렇게 바뀌어버린 것이다. 그래서 나는 49재를 올리는 상주들에게 부탁을 한다.

"절에서 재를 올리더라도 49재 기간 동안에는 집에서 꼭 상식을 올리세요."

"스님, 저희는 여건이 좋지 않아 상식을 올릴 수 없습니다. 절에서 재만 지내면 안 될까요?"

그러나 자식의 도리를 다하고 망인을 잘 천도시키고자 한다면, 적어도 49일 동안의 상식은 꼭 올려야 한다. 모름지기 상주는 '나'의 몸 편한 것을 생각해서는 안 된다. 망인이 된 부모가 새 생을 받을 때까지 정성껏 봉양한다는 마음으로 상식을 올려야 한다. 집에서 상식을 올리며 부모의 은혜를 기리고 정성을 기울이는 그 마음가짐이 천도의 원동력이 된다는 것을 잊어서는 안 된다.

그런데 매일매일 탈상 전의 부모를 굶기다가, 7일에 한 번씩 절에 가서 재를 지내는 것으로 도리를 다했다고 하는 것은 아주 잘못된 생각이다. 절에 가서 7일마다 재를 지내는 것은 부처님 앞에 가서 특별히 망인의 공덕을 닦아드리고 복을 닦아드리는 것임을 잊어서는 안 된다.

정녕 앞에서 소개한 범중암의 가족처럼 절에 머물면서 매일 매일 정성껏 재를 모셔준다면, 불보살님이 그 정성에 응하여 큰 가피를 내려주실 것이다. 그러나 범중암의 경우처럼 절에 머물면서 상식을 올리지 않는다면, 집에서 꼭 상식을 올려주어야 한다.

그렇다고 하여 아침 저녁으로 올리는 상식의 음식을 제사 때처럼 거창하게 마련하라는 것은 아니다. 특별한 음식은 전혀 준비할 필요가 없다. 평소 가족들이 먹는 음식을 깔끔하게 차려 올리는 것으로 족하다.

그리고 상식을 올린 다음 곁에서 반야심경 한 편이라도 외워주면 더없는 공덕이 생겨나는 것이다. 꼭 49일 동안은 집에다 상청을 마련하여 아침 저녁으로 상식을 올려줄 것을 당부드린다.

둘째는 절에서 재를 올릴 때의 자세이다.

49재를 올리는 요즈음의 상주들은 너무나 편안하다. 시간 맞추어 절에 와서 잠깐 재에 참석하였다가 차린 음식을 먹고 돌아가기 바쁘다.

그러나 부모의 은혜와 천도를 생각한다면 '나'의 수고로움을 아끼지 말아야 한다. 재를 지내기 전날의 장보는 것부터 시작하여, 재를 지내는 날에는 일찍 절에 가서 부엌일도 거들고 설거지도 거들어야 한다. '나'의 모든 노력이 망인의 공덕으로 이어진다는 것을 잊어서는 안 된다.

또한 재를 지내는데 소요되는 경비를 형편이 닿는 대로 넉넉히 쓸 줄 알아야 한다. 돈이 없는데 빚을 내어서라도 많이 쓰라는 것이 아니다. 오히려 재를 꼭 올리고 싶은데 돈이 넉넉하지 않다면 스님께 사정을 이야기해 보라. 정성만 있다면 틀림없이 방법을 찾을 수가 있다.

그래도 뾰족한 수가 없을 때는 49일째 하루만 재를 올리는 것도 한 방법이다. 경제사정이 어려웠던 시절에는 일곱 번의 재를 모두 모실 수가 없었으므로, 마지막 재만 모시는 경우가 허다하였다.

이 경우에는 49재 기간동안 집에서라도 독경·염불 등을 행하면 같은 공덕을 얻을 수가 있다.

그러나 돈이 넉넉한 사람이라면 망인의 공덕을 닦아 주는 49재의 비용에 인색하여서는 안 된다. 실로 일곱 번의 재를 지내는 데는 생각 밖으로 많은 경비가 든다.

사찰의 대중과 재에 참석하는 모든 사람이 먹을 음식, 재를 지내주는 스님의 수고비, 부엌에서 고생하시는 분의 수고비, 법당 사용료까지 합해 보라. 그리고 남는 경비가 있다면 망인에게로 돌아갈 것이다. '절에서 돈 이야기를 한다'고 나무라기 전에 한번 새겨보기 바란다.

모름지기 유가족들이 마음을 넉넉히 쓸 때, 그 마음가짐이 망인을 복되게 만든다는 것을 잊지 말기 바란다. 돈의 씀에는 반드시 마음이 함께 하는 것이니….

또 한 가지 당부드릴 것은, 재를 집전하는 스님을 분별하는 태도이다. 스님이나 불교를 오래 믿은 신도들 중에 '비구니가 막재를 관장해서는 안 된다'고 주장하는 이들이 있다. 그러나 이것은 잘못된 생각이다.

절에 따라서는 비구니가 비구보다 더 정성스럽게 재를 지내주기도 하고, 여자의 몸으로 무섭도록 정진하여 힘을 이룬 비구니들도 많다. 그러므로 유가족들은 비구·비구니·큰스님·작은스님 등을 따지지 말아야 한다.

오히려 문제가 되는 것은 따지는 '나'의 분별심이다. 따지고 분별하면 공덕만 소멸이 된다. 어떤 스님이 재를 맡았든 분별하지 않고, 그 스님의 인도 아래 정성을 모을 때 공덕은 더욱더욱 커지는 것이다.

셋째, 49재 기간 중에는 집에서도 천도의 의식을 행하여야 한다.

눈에 보이지 않는 영가와 대화를 하고 영가를 좋은 세상으로 나아가게 하려면 '정성 誠'이 깃들지 않으면 안 된다. 고산스님의 경우를 예로 들었듯이, 절에서 49재를 올려주는 것만으로는 모든 것이 해결되지 않는다. 정성 없이 천도를 지내주면 영가가 무덤이나 절, 집안 등에 머물러 떠나지 않는 경우가 많다.

그렇다고 절에서의 49재와 스님을 불신하라는 말은 아니다. 한번 생각해 보라. 절은 영가가 7일마다 한 번씩 찾아가서 공덕을 쌓는 곳이고, 상청이 있는 집은 영가가 탈상 때까지 머무르는 곳이다. 스님은 대리 상주요 유가족은 진짜 상주이다. 이 세상에서 유가족만큼 정성을 기울일 수 있는 이는 없다.

그러므로 가장 정성스럽고 부모와 가장 잘 통하는 유가족이 집에서 직접 망인을 천도해 주는 시간을 가져야 한다. 유가족이 집에서 망인을 위해 직접 천도해주는 것 이상 바람직한 것은 없다. 그 천도의 방법은 제3장 〈여러 가지 천도법〉에서 자세히 이야기하였으므로 여기에서는 생략한다.

염불도 좋고 독경도 좋다. 광명진언·신묘장구대다라니 등을 외워도 좋다. 스님과 상의하고 지도를 받아, 영가에게 빛을 주고 영가에게 부처님의 법문을 들려준다는 자세로 정성껏 행하면 된다.

영가에게는 유가족의 정성보다 소중한 것이 없다. 거듭 당부하건대, 49재 기간 중 집에서 꼭 망인을 위한 염불·주력·독경·사경 등을 해주기 바란다.

재를 집전하는 스님들께 드리는 당부

이제 49재와 관련하여 평소에 느꼈던 몇 가지 사항을 교계의 여러 스님께 부탁드리고자 한다.

첫째, 스님들께서 재를 올리는 유가족들을 잘 인도하여 참된 효자로 만들어주시기를 당부드린다.

불교를 믿는 재가의 신자들은 49재 의식에 관한 것이

나 영가천도의 원리 등에 대해 그다지 풍부한 지식을 갖추고 있지 않다. 또, 재를 올림으로써 불교와 새롭게 인연을 맺는 이들도 많다. 따라서 스님의 가르침 한 마디를 매우 소중한 지침으로 삼아 그대로 행하고자 한다.

그러므로 스님들께서는 49재를 지내는 유가족들이 부모를 잘 천도하여 참된 효자가 될 수 있게끔 잘 가르쳐 주어야 한다. 예를 들어 집에서 상식을 올리며 정성을 드릴 것, 집에서도 망인을 위해 염불·독경할 것, 49재를 지내러 사찰에 와서 행하여야 할 법도 등은 물론이요, 혼백함은 집에 모시고 사찰에는 위패를 모신다는 등의 기본 상식도 자상하게 가르쳐줄 필요가 있다.

스님들께서 잘 인도를 하느냐 못하느냐에 따라 그 상주가 부모에게 가장 큰 빛을 열어주는 효자가 될 수도 있고, 구해줄 수 있는 부모를 업 따라 보내버리는 불효자로 만들 수도 있다는 것을 유념하셔서 잘 지도해주기를 당부드린다.

두 번째는 막재 때 행하는 관욕(灌浴)과 대령(對靈)을

초재때 해주자는 것이다.

　현재 우리나라에는 초재부터 6재까지는 간략히 재를 지내고, 49일째인 막재만 절차를 완전히 갖추어 큰 규모로 재를 지낸다. 따라서 영가를 불러 불보살님께 인사를 시키고 자리에 앉히는 대령의식과 영가가 불보살님을 뵙기 전에 깨끗이 씻는 관욕의식도 막재 때만 행하고 있다.

　이렇게 관욕과 대령을 마지막 재에서만 행하게 된 것은 일곱 번의 재를 모두 올릴 수 없었던 가난한 시절의 풍습이 그대로 이어져왔기 때문인 것으로 판단된다. 곧 조선 유교사회에서는 집안에 상청을 마련하여 망인의 혼백을 모시다가, 49일째가 되어서야 절에 와서 재를 지냈던 것이다. 그러나 대부분의 불자들이 일곱 번의 재를 모두 지내는 요즈음에는 의식의 순서를 다소 바꿀 필요가 있다.

　왜냐하면 영가가 초재부터 6재 때까지 매번 절에 와서 음식을 먹고 법문을 듣다가, 마지막 날 비로소 목욕을 하고 부처님께 인사를 드리는 것으로 되어 있기 때문이다. 곧 초재부터 6재까지 시치미를 뚝 떼고 있다가 마지막 날 목욕재계를 하고 인사를 한다는 것은 분명

순서가 잘못된 것이요 예의에 맞지 않는 행동이다.

따라서 일곱 번의 재를 모두 지내줄 경우에는 영가를 불러 부처님께 인사를 시키는 대령이나 목욕을 시키는 관욕의식을 초재 때 해주는 것이 이치에 합당하다고 본다. 만약 초재 때 하기가 시간상으로 너무 급한 경우라면 2재 때 하여도 괜찮겠지만, 원칙적으로는 초재 때 대령과 관욕을 하는 것이 바람직하다. 그리고 초재 때 대령과 관욕의식을 올리고 막재 때 거듭 행하여도 무방하다는 것을 밝혀둔다.

마지막으로 당부드리고 싶은 것은 스님들께서는 더 힘이 드시겠지만 법식대로 천도를 해주자는 것이다.

나는 불교의 예식(禮式)을 쌍계사 진감국사의 맥을 마지막으로 계승하신 대후(大厚)노스님으로부터 배웠다. 그때 대후노스님께서는 항상 당부하셨다.

"예식을 할 때는 절대로 줄이거나 빠뜨려서는 안 된다. 특히 예식을 집전하는 이의 법력이 부족하여 스스로의 힘으로 해결하지 못할 지면, 옛 스님네가 정하신 대로 정성껏 하여야 한다. 진언을 일곱 번 하라고 했으면 일곱 번 하여야지, 마음대로 세 번만 한다면 그 결과는 하나마나이니라."

　대후노스님은 아무리 시간이 촉박할지라도 줄여서 하는 법이 없었다. 또 복잡하게 느껴지는 예식을 간략히 줄여서 하는 것에 대해 의견을 여쭈면, 늘 꾸짖음을 내리셨다.

　"자네가 조금 덜 쉬면 되지 않는가! 조금 덜 쉬고 법식대로 하게."

　옛 어른들의 이와 같은 마음가짐, 그 마음가짐이 재를 지낸 후의 영험으로 이어진다는 것을 잊어서는 안 된다. 그리고 재를 지낼 때는 형식적으로 독경을 하거나 순서에 따라 예식을 진행시킬 것이 아니라, 마음으로 영가와 이야기한다는 자세로 임하여야 한다.

　영가와 마음으로 이야기하려면 참으로 힘든 것이 사실이다. 한 손으로는 요령을 흔들어야 하고, 한문으로 된 의식문을 소리내어 읽으면서 그 글귀 하나하나를 풀이하여 영가에게 대화를 하듯 법문을 들려주기란 용이하지가 않다.

　하지만 스님네는 중생 제도의 대원을 품고 사는 세속인의 스승이다. 우리가 복전의(福田依)를 입고 있는 이상에는 정성을 다해 재를 올려주어야 하지 않겠는가.

부디 스님들께서 불쌍한 영가를 위해 법식대로 정성껏 천도해 주시기를 당부드린다.

정녕 49일은 긴 듯하면서도 짧은 기간이다. 그리고 이 기간 동안의 정성이 영가의 모든 것을 좌우한다. 영가를 세세생생의 행복과 평온의 세계로 인도할 수 있는 이 49재 기간 동안, 스님과 유가족이 하나가 되어 영가를 잘 천도하고 큰 공덕을 이루기를 깊이 깊이 축원드린다.

나무마하반야바라밀.

Ⅵ. 낙태아와 무주고혼 천도

낙태아 영가

　이제 '낙태아 천도 및 무주고혼 천도'를 끝으로 영가 천도에 대한 글을 마무리 짓고자 한다.
　사회적인 성 개방 풍조 때문인지, 사람들이 낙태를 너무나 쉽게 생각 하는듯한 경향이 있다. 물론 가슴이 갈가리 찢어지면서도 어쩔 수 없이 낙태를 하는 사람들도 있지만, 별다른 양심의 가책도 느끼지 않고 아기를 지워버리는 일이 너무나 흔히 일어나고 있다. 찾아드는 인연을 거부하고 '나'의 편리를 위해 '나'에게 의탁한 생명을 지워버리는 것이다.
　그러나 태중아기도 엄염한 생명이요, 그 생명을 끊은

낙태의 결과는 생각 이상으로 무섭다. 먼저 이를 입증하는 두 편의 실화부터 함께 살펴보자.

충청남도 서산시 해미면의 한 부인은 일찍 남편을 여의고 두 딸과 아들 하나를 키우며 살았다. 모아놓은 돈도 물려받은 논밭도 없었던 그녀는 세 자녀를 키우기 위해 아침부터 밤늦게까지 해미면의 산부인과에서 청소부 노릇을 해야만 했다.

조그마한 시골의 산부인과였기에 그 지역 사람들보다는 인근 지역의 사람들이 많이 찾아왔고, 낙태수술은 하루 10여 건에 이르렀다. 자연, 그녀는 저녁마다 그 핏덩이들을 치워야만 했다. 그러나 아무런 양심의 가책도 특별한 생각도 없이 그 핏덩이들을 쓰레기통에 담아 버렸다.

그러던 어느 날, 그녀의 눈앞에는 핏덩이가 아니라 사람의 몸을 완전히 갖추고 있는 태아가 방치되어 있었다. 평소와는 다른 모습에 충격을 느낀 그녀는 그 낙태아를 다른 핏덩이들처럼 취급할 수가 없었다.

그녀는 자기 돈으로 하얀 천을 구입하여 그 아기를

돌돌 말아 싼 다음, 집으로 돌아가는 길 주변의 산기슭에 묻어 주었다. 그날 밤 그녀는 발가벗은 아기 수십 명이 찾아와서 매달리며 호소하는 꿈을 꾸었다.

"아줌마 나도 그렇게 해줘! 나도 버리지 말고 천에 싸서 묻어줘!"

밤새도록 발가벗은 아기들에게 시달리다 깨어난 그녀는 핏덩어리를 버리는 산부인과 청소부의 일이 인간으로서는 할 짓이 못 된다는 것을 깨달았다. 그날로 그녀는 산부인과 청소부 일을 그만두고 음식점으로 직장을 옮겼다.

우리나라에 수도 시설이 제대로 갖추어지지 않았을 때인 1970년대 초의 이야기이다. 지금의 울산시 중구 우정동의 북쪽 마을에는 마을 공동의 큰 우물이 하나 있었으며, 그 마을에는 48세가 된 여인이 살고 있었다. 그녀에게는 결혼을 하지 못하고 죽은 막내 시누이가 있었는데, 죽은 지 몇 년 만에 꿈에 나타나 반가운 얼굴로 이야기를 하는 것이었다.

"언니야! 나하고 같이 살자, 언니야."

그날 이후 그녀는 아기를 잉태하게 되었고, 고민에 빠져들었다.

'나이 오십이 다 되어 아기를 낳아야 하다니…'

한편으로는 창피스럽기도 하고 키울 일도 걱정이 되어 집안 어른들과 의논하였다.

"너의 고충은 알겠다만 꿈이 심상치가 않구나. 힘들겠지만 아이를 지워버리지 말고 낳도록 하려무나."

그녀는 친한 친구들에게도 물어 보았다.

"창피하지도 않느냐? 나이 오십에 아이를 낳다니…. 수술해, 수술!"

그녀는 한동안 망설이다가 수술을 하였다. 그러나 많은 나이에 낙태수술을 한 때문인지 회복이 쉽지 않아 줄곧 누워 있다가, 일주일가량 지났을 무렵 몸이 조금 좋아졌으므로 물을 긷기 위해 새벽녘에 동네 우물로 갔다.

그 우물은 평소 때 뚜껑을 닫아 두었다가 물을 길을 때만 뚜껑을 열도록 되어 있었다. 그녀가 물을 긷기 위해 우물 뚜껑을 여는 순간, 머리를 산발하고 피를 뚝뚝 흘리는 모습의 시누이가 우물 속으로부터 솟아올랐다. 그리고 당장에 잡아 먹을듯한 분노의 음성으로 고함을 치는 것이었다.

"요년!"

그녀는 그 자리에서 기절을 하였다. 그때부터 몸이 아프기 시작하였고, 집안에는 감당하지 못할 재앙이 계속해서 터졌다. 불자였던 그녀는 아침 저녁으로 울산 해남사 법당에 가서 참회를 하며 용서를 구하였고, 그렇게 3년을 참회하고 나자 병이 사라지고 집안 풍파가 완전히 가라앉게 되었다고 한다.

8

낙태는 우리 눈에 보이지 않는 무서운 원결을 맺는 행위이다.

인공유산의 장면을 초음파 영상으로 촬영한 것을 보면 너무나도 끔찍하다. 3개월 된 태아가 양수 속에서 놀다가 날카로운 수술기구가 들어오면 깜짝 놀라 자궁벽 쪽으로 피해 달아난다. 수술기구의 움직임을 간파하여 이리 피하고 저리 피하고…. 그렇지만 수술기구는 달아나는 태아를 흡입하여 뽑아버린다.

많은 사람들이 임신 중절 수술 후에는 아무 것도 남는 것이 없다고 생각할지 모르지만, 태아영가는 여전히 생명을 지닌 한 존재로서 어둠 속을 헤매게 된다. 그리고 그들 또한 어둠의 세계로부터 구원을 받기를, 누군가가 구원을 해 주기를 갈구한다.

"아줌마, 나도 그렇게 해줘!"

이것이 태아영가의 조그마한 바람이다. 정녕 태중의 아기를 생명이 아니라고 생각하는 이는 우리 주위에 없을 것이다. 그리고 낙태수술을 싫어하지 않는 사람도 없을 것이다. 그렇다면 부득이 낙태를 한 경우라 할지라도 최소한의 격식은 갖추어야 한다. 그 핏덩이를 쓰레기장으로 향하도록 그냥 방치해서는 안 된다.

일본의 경우, 병원에서 태아의 시체를 작은 용기에 담아 태아의 시신을 전문적으로 처리하는 용역회사에 넘겨준다. 용역회사에서는 정중하게 화장을 한 후, 그 유해를 지정 사찰에 봉안하여 태아영가의 천도불공을 봉행하는데, 현재 그와 같은 사찰이 2천개도 더 된다고 한다.

그리고 두 번째 이야기에서처럼, 이 태아영가가 원결을 지니는 경우에는 어머니와 집안에 무서운 보복을 전개하기도 한다. 뿐만이 아니다. 태아영가와 형제가 되는 다른 아이에게도 이상한 현상이 나타나곤 한다.

곧 그 집안의 아이가 무기력과 자살충동에 빠지거나,

고독에 잠기고, 어두운 곳을 좋아하며, 부모를 미워하고, 돈을 마구 써버리는 등의 장애를 일으키는 경우가 허다하다. 더 나아가 낙태영가의 원결 때문에 기형아나 정박아를 낳게 되는 일도 많다고 한다.

이처럼 태중영가의 장애는 만만하지가 않은 것이다. 어찌 두려워할 일이 아니겠는가?

태중영가 천도

그러나 영가천도를 하는 불자들 중에 선망 조상의 천도는 잘 하면서도 태중영가의 천도를 하는 이는 극히 드물다. 그러므로 선망조상 일가친척의 천도를 하고 나서도 태중영가의 장애 때문에 이상한 고난으로부터 벗어나지 못하는 이들이 많다. 내가 경험한 이야기 하나를 살펴보자.

수원에 살고 있는 40대 후반의 보살은 결혼 후 몇 해가 지나고 나서부터 줄곧 병고 속에서 지냈다. 더욱이 큰아들이 말을 못하는 장애자였으므로 언제나 가슴에는 못이 박힌 듯하였다.

"이 아이를 어떻게 키워야 내가 죽은 다음에도 잘 살아갈 수 있을까? 이 아이의 말문을 열게 하는 방법은 없을까?"

그녀는 아들의 입을 열게 하려고 푸닥거리도 하고, 교회와 성당에도 가고, 사찰도 찾았다. 조그마한 희망이라도 보이면 어디로든 찾아가서 방법을 묻고 기도를 하였다. 그러나 결과는 전혀 신통하지가 않았다.

한번은 나에게 20여 명에 이르는 일가친척을 위한 49일 천도기도를 해줄 것을 청하였다. 그러나 49일 동안 직접 천도를 해줄 형편이 되지 못했으므로 비구니 스님 한 분을 소개시켜주고, 마지막 날 마무리를 해줄 것을 약속하였다.

마침내 49일째가 되어 내가 가서 천도의 중심 예식들을 모두 마치고 마지막 배송(拜送) 염불을 하고 있을 때였다. 나의 옆에서 합장을 하고 가만히 앉아있는 부인에게 7~8명의 아이가 달라붙어 부인을 끌고 꼬집고 당기는 모습이 보였다.

한 아이가 머리카락을 잡아당기자 부인의 몸은 뒤로 젖혀졌고, 또 다른 아이가 오른쪽 팔을 잡아당기자 오른쪽으로 넘어졌으며, 뒤에서 밀자 앞으로 콰당 넘어지는 것이었다. 나에게는 너무도 또렷하게 보이는데, 부인은 전혀 의식하지 못하는 듯하였다.

'아, 이 보살님이 의식하지 않고 있는 핏덩이의 원결이 있는 것이 틀림없다. 윗대 조상과 일가친척의 천도는 되었지만, 모든 원결이 완전히 해결되지는 않았구나.'

그렇게 혼자 생각을 하였었는데, 과연 천도재가 끝난 뒤에도 부인에게는 여전히 고통이 따르고 근심걱정이 해결되지를 않았다. 곧 수원보살은, 이 세상에 태어났다가 죽은 집안의 영가들은 모두 천도의 대상으로 삼아 이름을 올리고 천도를 하였지만, 낙태한 태중영가에 대해서는 미처 생각을 하지 못하였기 때문에 그 영가들의 원결을 풀어줄 수가 없었고, 자연 고통은 계속되었던 것이다.

2년의 세월이 흘러 그 부인을 다시 만났을 때 나는 넌지시 물어 보았다.

"죄송한 질문이지만, 낙태수술을 몇 번이나 하였습

니까?"

"스님, 무려 일곱 번이나 하였습니다. 그리고 나서 큰 아들을 낳았고요."

나는 천도 마지막 날 보였던 아이들이 낙태수술을 받은 원혼임을 확신하고 부인에게 당부하였다.

"이제부터는 낙태수술을 한 그 영가들을 향하여 참회를 하면서 천도를 해드리십시오."

8

이상의 이야기를 통하여 우리 불자들은 세상의 빛을 보지 못하고 죽어간 태중영가 천도의 필요성을 충분히 느꼈을 것이다. 그럼 이러한 태중영가들은 어떠한 방법으로 천도를 해주어야 하는가?

그 방법은 일반 천도법과 크게 다를 것이 없다. 기간을 백일 또는 49일로 정하여 하루 1시간가량 염불을 하거나, 독경 또는 사경을 하거나, 광명진언 등의 진언을 외워주면 된다. 그 상세한 것은 제4장 〈여러 가지 천도법〉을 참고하기 바란다.

다만 한 가지 꼭 당부드릴 것은, '어머니의 지극한 참회가 뒤따라야 한다' 는 것이다. 그 당시 어떠한 상황에 처해 있었든, 어머니 된 '나' 의 순간적인 판단결여로 인해 '나'를 찾아온 인연을 마다함으로써 세상의 빛을 보지 못하게 한 데 대해 깊이 참회하는 기회를 가져야 한다.

"내가 어리석고 참된 길을 몰라 죄를 지었구나. 부디 모든 것을 용서하고 불보살님의 자비광명 속에서 행복의 나라로 나아갈지어다."

"부처님, 지장보살님! 제가 잘못했습니다. 부디 죄 없는 이 어린 영가를 불국토로 인도하소서."

이렇게 끊임없이 참회하고 축원하면 태중아기 영가는 저절로 천도가 된다. 그리고 절에서 낙태한 아기영가의 천도를 할 때는 갓 태어난 아기가 입는 신생아복과 양말 등을 모두 준비하여 스님의 지시에 따라 재를 지내면 된다.

결코 낙태한 사실에 대해 부끄럽게 여기고 '쉬쉬' 할 일이 아니다. 더욱이 인생에 대해 제대로 알지 못하고 영가의 세계에 대해 제대로 알지 못했던 때에 낙태수술을 받은 이가 대부분이지 않은가. 그러므로 지금이라도 진심으로 참회하고 그 태중아기 영가를 천도시켜 주면 된다.

그리고 낙태아를 '수자(水子)'라고 부르는 이들이 있

는데, 이는 일본사람들이 쓰는 말이다. 그러므로 위패를 쓰거나 축원을 할 경우에는 '수자'라는 말을 쓰지 말고, '태중아기'라고 하는 것이 바람직하다.

가령 아버지가 김해 김씨이면, '망자 김해 김씨 태중아기 영가' 하고, 밀양 박씨이면 '망자 밀양 박씨 태중아기 영가'라고 부르는 것이 좋다. 만약 전주 이씨로서 낙태아가 세 명이 있었을 경우라면, '망자 전주 이씨 첫째 태중아기 영가' '망자 전주 이씨 둘째 태중아기 영가' '망자 전주 이씨 셋째 태중아기 영가'라고 하면 된다.

또 한 가지 분명히 밝혀둘 것은 자연 유산된 아기에 대한 것이다. 낙태아를 천도시켜 주라고 하면 자연 유산된 아기의 천도에 대해 갈등을 일으키는 이들이 많은데, 자연유산 된 경우에는 굳이 천도를 해주려고 할 필요가 없다. 오히려 유산을 통하여 부모를 괴롭히고 부모 된 자에게 갚을 것을 갚고 가는 경우이기 때문이요, 무서운 원결이 새롭게 맺히지 않기 때문이다.

그러나 유산이 자꾸만 거듭될 경우라면 원한 깊은 영가의 계속적인 괴롭힘일 수도 있으므로 천도를 해주는 것이 바람직하다. 곧 과거의 악연을 녹이는 참회와 천도가 필요한 것이다.

　거듭 이야기하건대, 낙태아 천도의 기본 마음가짐은 참회이다. 만약 낙태한 경험이 있는 불자라면 부디 지난날의 잘못을 참회하고 녹이는 자세로 한 차례 정성껏 천도를 해주기 바란다. 정성껏 참회하는 시간이 쌓이면 모든 원결은 저절로 풀어지고 제자리로 나아가는 것이 이 법계(法界)의 원리이니….

무주고혼과 수륙재

　이제 무주고혼의 천도에 대해 살펴보도록 하자.
　일반적으로 영가를 구분할 때는 유주고혼(有主孤魂)과 무주고혼(無主孤魂)이라는 말을 많이 쓴다. 유주고혼은 자식이나 후손들이 제사를 지내주면서 기억을 하는 영가이고, 무주고혼은 망각되어버린 영가들을 가리킨다.
　곧 후손이 있는 집안에서도 망각되어버린 조상은 무주고혼으로 분류되며, 낙태아 등도 여기에 속한다. 그리고 가족·친족 등의 특별한 인연이 없는 엉뚱한 사람에게 붙어 괴롭히는 객귀(客鬼) 또한 무주고혼이라고 한다. 천도재를 지내다 보면 이 무주고혼이 선대의 가족 친족들보다 더 강하게 붙어 떠나지 않는 예를 종종 볼 수 있다.

❁

서산 해미에 사는 어느 보살이 경험했던 이야기이다. 그녀의 꿈에 돌아가신 시어머니가 5년 만에 나타나서 말하였다.

"내가 너희들을 도와주기 위해 5년 동안 공부를 하고 왔으니 나를 받아들여라."

그 말은 무당이 되어 굿을 하고 점을 쳐주며 살라는 것이었다. 시어머니는 매일 밤 꿈에 나타나 받아들일 것을 요구하였지만 그녀는 완강히 거절하였다.

"어머님께서 저희를 도와주시고자 하는 것은 고맙지만, 그 일만은 받아들일 수 없습니다."

며느리의 거듭되는 반대에 시어머니는 마침내 저주를 퍼부었다.

"너희를 돕기 위해 5년 동안 공부를 한 나의 성의를

무시하다니! 네가 끝까지 거절을 한다면 좋다. 내가 5년을 공부한 곱의 기간 동안 네가 고통을 받아라."

그날부터 시작하여 며느리의 허리는 아프기 시작하였고, 심할 때는 자리에서 요동조차 할 수 없었다. 한 가정의 주부로서 가족을 돌보기는커녕, 밥마저 얻어먹어야 하는 처지가 되고 말았다. 고통스런 나날을 2년 동안 보낸 그녀는 마을 인근의 연화사 스님께 사연을 털어놓았고, 평소 기도정진을 잘 하였던 그 절의 비구니 스님은 가르침을 주셨다.

"보살님, 오늘부터 지장보살을 불러 시어머님을 비롯한 보살님 주변의 영가들을 천도시키십시오. 누워있을 때나 앉아있을 때나 '지장보살'을 놓치지 말고 끊임없이 불러야 합니다. 화장실에 있건, 밥을 먹건, 고기를 먹건 따질 것이 없습니다. 오로지 '지장보살'만 부르십시오."

그녀는 스님의 가르침대로 죽어라고 지장보살을 불렀고, 그렇게 백일 정도가 지나자 차츰 거동을 할 수 있게 되었으며, 1년 뒤에는 정상적으로 생활을 할 수 있게 되었다. 시어머니의 10년 저주가 아직 7년이 남았건만, 기도한지 1년 만에 그 장애가 사라진 것이다.

그런데 묘하게도 그녀와는 아무런 인과관계도 없는 영가가 마지막까지 남아있었다. 그 영가는 전라도 고부가 고향인 남자 귀신으로, 집을 떠나 길거리에서 죽었다고 한다. 그러나 가족들에게 어떤 잘못을 저질렀는지 양심의 가책을 느껴 얼굴을 들 수도 없고 찾아갈 수도 없다고 하였다. 그는 객귀가 되어 떠돌다가 그녀에게 의탁하였고, 떠나기 직전에 이렇게 말하였다.

"너희 집에서 쇳소리가 나기에 들어와서 너에게 의탁하였다. 그리고 조금만 애를 먹이면 밥을 해서 먹여주었으므로 계속 붙어있었던 것이다. 그런데 네가 너무도 열심히 지장보살을 불러 진절머리가 날 지경에 이르렀다. 나도 이제 떠나갈란다. 마지막으로 나에게 밥 한 끼만 해다오."

"절에 가서 해줄게."

"절은 싫다. 그냥 집에서 밥 한 끼만 해주면 먹고 가겠다."

"정말 밥 한 끼만 해주면 먹고 가겠느냐?"

"그렇다."

그녀는 집에서 정성껏 한 상을 차려 대접하였고, 그날 이후 그녀의 병은 완전히 낫게 되었다.

이 이야기에서처럼, 시어머니와 같은 인연 깊은 영가 외에도, 흔히들 객귀라고 불리는 무주고혼의 영가가 붙어 애를 먹이는 경우 또한 자주 접할 수가 있다. 가족·친족들로부터 잊혀졌거나 가족·친족이 없는 무주고혼의 영가들은 어두운 곳에서 굶주림과 극심한 고통을 겪으며 떠돌다가 엉뚱한 이에게 의탁하여 새로운 업을 쌓는 것이다.

그렇다고 하여 이러한 무주고혼의 영가가 '나'와 전혀 무관한 존재만은 아니다. 과거·현재·미래의 삼세 인과법에 따르면 '나'에게 찾아드는 모든 것은 '나'와 어떠한 인연이 있기 마련인 것이다. 따라서 언뜻 보기에 '나'와 무관한 영가라 할지라도 남이라 팽개치지 않고 천도를 해주면 오히려 큰 공덕을 이루게 된다.

실로 가만히 생각해 보면 무주고혼처럼 불쌍한 중생도 없다. 갑작스런 비명횡사로 인해 자신의 죽음을 인식하지 못하고 생에 집착하는 무주고혼, 광명을 찾을 힘이 없어 어둠 속을 헤매는 무주고혼, 굶주림과 추위를 참다못해 남의 몸에 의탁하고 그들에게 해를 끼쳐 한 끼의 밥을 해결하는 무주고혼!

이러한 무주고혼에게 불보살의 광명으로 길을 안내하여 새로운 생을 받게끔 해주는 천도야말로 크나큰 공덕이 되지 않을 수 없다. 우리가 살고 있는 이 땅과 바다 등에는 수많은 무주고혼들이 있고, 실제로 옛 큰스님들은 이러한 무주고혼을 천도해 주는 수륙재(水陸齋)를 열어 이 땅의 불쌍한 영가들을 널리널리 제도하셨다.

 나에게 불교예식을 전수해 주신 대후노스님의 젊은 시절에 호은(虎隱) 대선사라는 선지식이 계셨다. 남해 용문사에 계셨던 호은대선사는 자주 수륙재를 열었고, 대후스님은 옆에서 시봉하며 예식을 익혔다.

 호은대선사는 수륙재를 지낼 때 바닷가에다 괘불을 모신 단을 차려 놓고, 낮에는 배를 띄워 바다로 나아가 법문과 예식을 행하였으며, 밤에는 육지로 올라와 예식을 계속하셨다.

 그런데 대후스님께서 보기에 참으로 묘했던 것은, 호은대선사께서 바다로 나아가 요령을 흔들며 영가들을 불러들이면, 영가들이 모두 배에 타는 것 같음을 느꼈다는 것이다. 곧 배를 타고 바다로 나아갈 때는 뱃머리가 물 위에 반 이상 떠 있는데, 호은대선사께서 유주무주 고혼들을 불러들이는 예식을 행하고 육지로 돌아올 때는 배가 가라앉을 것처럼 뱃머리까지 물이 거의 차는 것이었다. 대후스님은 그 때를 회상하며 가끔씩 나에게 말씀하셨다.

"어떻게 그런 일이 일어날 수 있었겠느냐? 영가가 우리 눈에 보이지는 않지만, 바다의 유주무주 고혼들이 그 배에 올라탔기 때문에 그런 것이 아니겠느냐? 호은 노스님의 도력으로 수많은 무주고혼들이 천도가 됨을 나는 느꼈느니라."

우리들 주변에는 천도를 받기를 원하는 무수한 영가들이 있다. 하지만 그들은 나아갈 길을 몰라 굶주림과 극심한 고통을 받으며 떠돌아다닌다. 정녕 수륙재를 베풀어 이들 영가를 구제하는 것이야말로 대자비요 무량공덕이라 하지 않을 수 없다.

이렇듯 덕이 큰 수륙재는 중국 양나라의 무제 때부터 시작되었다. 어느 날 무제의 꿈에 스님 한 분이 나타나 부탁을 하였다.

"육도 중생들의 혼이 어둠 속을 떠돌며 한없는 고통을 받고 있으니, 대왕께서는 수륙재를 베풀어 그들의 고통을 구제하여 주시오. 이 세상에서 고통 받는 외로운 영혼들을 구제해 주는 것보다 더 훌륭한 공덕은 없습니다."

꿈에서 깨어난 양나라 무제는 곧바로 바다와 육지에서 죽은 모든 무주고혼들을 천도시키기 위한 수륙재를 베풀었다고 한다. 그 뒤 중국·한국·일본 등지에서는 임금님이 재주(齋主)가 되어 무주고혼을 천도하는 수륙재를 정기적으로 개최하였고, 오늘날에는 이 땅의 사찰이 중심이 되어 가끔씩 수륙재를 행하고 있다.

바다와 육지에서 죽은 무수한 생명들. 그들을 천도하는 수륙재를 우리의 모든 절에서 법식에 맞게 잘 지내준다면, 이 땅은 영가들의 장애가 없는 참으로 좋은 나라가 될 것이다. 그리고 '나'와 직접 관련된 영가만이 아닌 외로운 무주고혼에까지 우리의 정성과 축원이 미칠 때, 우리의 생은 정녕 행복해질 수 있고 짙은 향기를 발현시킬 수 있는 것이다.

정성껏 마음을 모아

이제 수륙재와 관련된 한 편의 이야기를 함께 음미하면서 전체를 마무리하고자 한다.

❁

마산에 한일합섬을 세운 김한수(金翰壽)씨의 어머니는 독실한 불자였다. 일제 강점기에 그녀는 개인재산으로 큰 배 한 척을 전세 내어, 해인사·통도사·범어사 스님 십여 분을 청하여 수륙재를 열었다. 낮에는 바다에 배를 띄워 수중의 무주고혼들에게 법문을 들려주고, 밤에는 육지의 모래밭에 괘불을 모시고 영가들에게 법문과 음식을 베푸는 의식을 행한 것이다.

이 수륙재는 부산 다대포에서 시작하여 충무 수산전문학교 옆의 해수욕장에 이르기까지, 한려수도 곳곳을 차례로 거치면서 행하였는데, 마지막날의 총회향예식은 당시 해인사 교무를 맡고 있었던 환경(幻鏡) 노스님이 집전하였다.

충무 수산전문학교 옆의 해수욕장에서 한밤중에 시작된 총회향예식에서, 환경스님은 괘불 앞에 서서 합장한 자세로 '나무아미타불'을 부르다가 시간과 공간을 초월한 삼매에 몰입하였다.

그런데 갑자기 큰 비가 내렸다. 여러 스님들은 비단 가사와 장삼이 젖을까 걱정하여 텐트 속으로 들어가기도 하고 좌복으로 머리를 덮기도 하였다. 그러나 비가 그쳤을 때 그 스님들의 옷은 모두 젖어 있었다.

하지만 폭우 속에서 모든 것을 잊은 채 '나무아미타불'을 외우고 있었던 환경스님의 몸에는 빗물 한 방울도 닿은 흔적이 없었고, 괘불 또한 전혀 젖어 있지 않았다.

§

정녕 못 믿을 이야기이지만 실제로 있었던 일이다. 어떻게 이와 같은 일이 가능한 것인가?

바로 이것이 삼매(三昧)의 힘이다. 이렇게 재를 지내거나 천도를 할 때 삼매 속에 몰입하게 되면 영가천도는 저절로 이루어진다. 부처님과 영가를 천도하는 이와 영가가 그대로 하나가 되어, 영가의 어둠을 빛으로 바꾸고 그들을 좋은 세상으로 나아가게 만드는 것이다.

실로 천도를 위해 기도하는 우리 불자들은 삼매에 몰입하고자 노력해야 한다. 삼매에 들면 물질의 세계를 넘어선 새로운 차원을 체험할 수 있고, 물질로 인한 고통과 애착을 넘어서서 해탈을 할 수가 있다.

　결코 삼매는 쉬운 것이 아니다. 그러나 지극한 정성이 모이고 또 모이면 마침내 삼매에 이르게 된다. 그리고 비록 삼매의 경지에 이르지는 못할지라도, 정성이 지극하면 능히 잘 천도를 할 수가 있고 뜻한 바를 성취할 수가 있는 것이다. 간절히 당부하건대, 천도는 정성이요 '나'의 참회라는 것을 잊지 말기 바란다.

　조상 대대의 축원 속에서 태어난 우리들! 우리는 우리를 위해 끝없는 축원과 정성을 아끼지 않았던 선대의 영가들과 이 땅과 인연이 있는 무주영가들의 천도를 위해 정성을 기울이는 것에 인색해서는 안 된다.

　한 걸음 더 나아가 우리 주변의 유주무주 영가들을 위해 우리의 정성을 바칠 때, 법계 속에 충만 되어 있는 행복과 해탈의 기운이 '나'에게도 오고 '나'의 것이 되는 것이다.

　부디 정성을 다하는 한 차례의 천도를 통하여, 보이지 않는 영가와 '나' 모두가 자타일시성불도(自他一時成佛道)로 나아갈 수 있게 되기를 축원하고 또 축원드린다.

　나무마하반야바라밀!

기도 및 영가천도의 지침서

광명진언 기도법 / 일타스님·김현준　　　신국판 176쪽 6,000원
광명진언 기도를 널리 펴고자 일타스님과 김현준 원장이 함께 저술한 책. 광명진언 속에 새겨진 참의미와 바른 기도법, 빠른 기도성취법 등을 자상하게 설하고, 유형별 기도성취 영험담을 다양하게 수록하였으며, 누구나 보기 쉽도록 큰활자로 발간하였습니다. 광명진언을 외우면 행복과 평화, 영가천도, 소원성취를 이룰 수 있습니다.

기도 / 일타스님　　　신국판 240쪽 9,000원
총 6장 52편의 다양한 기도 영험담으로 엮어진 이 책을 읽다보면 기도를 통해 틀림없이 부처님의 가피를 입을 수 있음을 확신할 수 있게 되고, 올바른 기도법과 함께 기도성취의 지름길을 알 수 있게 됩니다.

기도성취 백팔문답 / 김현준　　　신국판 240쪽 9,000원
기도에 대한 정의·기도와 믿음·업장소멸의 방법·꾸준한 기도의 효험·원을 세우는 법·축원법·각종 기도가피와 기도성취의 시기·성취를 위한 하심법下心法 등 기도에 관한 궁금증들을 문답형식으로 자상하게 풀이하였습니다.

참회와 사랑의 기도법 / 김현준　　　신국판 192쪽 7,000원
총 84가지 문답을 통하여 참회의 정의에서부터 참회기도를 해야하는 까닭, 절을 통한 참회법·염불참회법·주력참회법·가족을 향한 참회, 기도 축원의 구체적인 내용 및 자비의 기도가 갖는 효과, '백중과 영가천도'등에 대해 아주 상세하게 설명하고 있습니다.

참회·참회기도법 / 김현준　　　신국판 160쪽 6,000원
참회의 참된 의미, 절·염불을 통한 참회법, 참회인의 마음가짐, 이참법 등을 영험담들과 함께 감동 깊게 엮은 책으로, 참회를 통해 행복하고 자유로운 삶을 사는 방법을 열어주고 있습니다.

불교의 자녀사랑 기도법 / 김현준　　　신국판 160쪽 6,000원
사랑하는 자녀들을 가장 잘 사랑할 수 있는 방법을 부처님의 가르침에 의지하여 정립하고 생활화한 책입니다. 이 책의 가르침을 따라 자녀를 사랑하고 기도해보십시오. 우리의 자녀들이 뜻하는 바 소원을 성취하고, 행복과 평화를 누릴 수 있게 될 것입니다. 부록으로 부모님께 효도하여야 하는 까닭과 방법도 수록하였습니다.

참회 / 김현준　　　4×6판 160쪽 5,500원
참회의 원리와 공덕, 절·염불·주력을 통한 참회법, 간단하면서도 효과가 큰 오회참법, 자비축원의 참회, 이참법, 원효대사의 대승육정참회 등을 감동 깊게 엮은 책으로, 참회를 통해 깨달음을 이루고 자유로운 삶과 행복하게 사는 방법 등을 일러주고 있습니다.

법보시를 원하시는 분은 출판사로 연락 주십시오. 할인혜택을 드립니다.
전화 02-587-6612, 582-6612 팩스 02-586-9078

신묘장구대다라니 기도법 / 우룡스님·김현준   신국판 208쪽 7,000원
신묘장구대다라니를 외우면 생겨나는 가피와 공덕, 기도의 방법과 주의할 점, 우룡스님이 들려주는 14편의 영험담, 대다라니의 근본경전인 『무애대비심다라니경』을 수록하고 있는 이 책을 읽고 자신있게 기도하면 심중소원의 성취와 기적같은 체험도 할 수 있습니다.

기도 성취의 지름길 / 우룡스님   4×6판 160쪽 5,000원
가족을 위한 기도와 기도 성취의 원리에 초점을 맞춘 감동적인 기도법문입니다. 제1부 「가족 행복을 위한 기도」에서는 가족을 향한 참회와 절의 필요성, 3배 기도의 큰 영험에 대해 일러주고 있으며, 제2부 「빠른 기도 성취의 길」에서는 믿음과 정성이 뒤따라야 기도 성취를 잘할 수 있고, 기도의 고비를 잘 넘겨야 능히 행복과 대해탈의 문이 열린다는 것을 많은 이야기를 곁들여 설하고 있습니다.

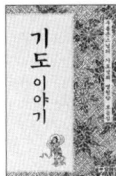
기도 이야기 / 우룡스님   신국판 204쪽 7,000원
"스님, 기도로 소원을 성취할 수 있습니까?" 총 6장 45편의, 참으로 재미있는 기도성취 영험담이 수록된 이 책을 읽고 기도를 하면, 불보살님과 통하는 감응의 길이 열리면서 심중소원을 빨리 성취하게 됩니다. 또한 이야기 끝에 붙인 큰스님의 해설은 기도의 방법을 쉽게 터득할 수 있도록 이끌어줍니다.

영가천도 / 우룡스님   신국판 160쪽 6,000원
영가의 장애를 느끼십니까? 돌아가신 영가를 영가를 제대로 천도해 드리지 못했습니까? 영가천도의 필요성과 기본자세, 염불·독경·사경을 통한 영가천도, 49재, 낙태아 천도 등 영가천도에 관한 궁금증 및 천도의 방법을 우룡스님의 자세한 법문으로 풀어드립니다.

관음신앙·관음기도법 / 김현준   신국판 240쪽 9,000원
관세음보살의 구원 능력, 주요 경전 속의 관음관, 11면관음·천수관음·32응신·33관음 등 자비관음의 여러 가지 모습, 일심칭명 일념염불의 관음기도법, 독경 사경 기도법, 다라니 염송 기도법 등을 자세하고도 알기 쉽게 풀이하였습니다.

미타신앙·미타기도법 / 김현준   신국판 160쪽 6,000원
아미타불의 참 모습에서부터 극락에서 누리는 행복, 칭명염불·오회염불·관상염불·천도염불 등의 각종 염불수행법과 함께 임종하는 이를 위한 의식과 49재 기간의 행법 등을 자세히 밝히고 있습니다.

지장신앙·지장기도법 / 김현준   신국판 192쪽 7,000원
지장신앙 속에는 영가천도뿐만이 아니라 현세에서의 행복과 깨달음, 성불의 비결까지 간직되어 있습니다. 이러한 지장신앙의 여러 측면과 함께 생활 속에서 할 수 있는 지장기도법을 자세히 밝혀놓았습니다.

일타큰스님의 스테디셀러

불자의 마음가짐과 수행법 / 일타스님　　신국판 192쪽 7,000원
불자들이 큰 행복과 대자유를 얻기 위해서는 어떠한 마음가짐으로 살아야 하며, 참선·염불·간경·주력의 불교 4대 수행법을 어떻게 닦아야 하는가를 갖가지 비유를 들어 자상하게 설하고 있습니다.

오계이야기 / 일타스님　　신국판 160쪽 6,000원
살생·투도·사음·망어의 근본 4계에 불음주계를 합한 5계에 대한 법문집. 재미있는 일화를 들어 각 계율의 연원과 지키는 방법, 계율을 범했을 때의 과보 등을 자세히 설했습니다. 복된 불자의 길로 나아가게 하는 불자의 필독서입니다.

● 신행과 포교를 위한 휴대용 불서 ●

제목	판형	쪽수	가격
행복과 성공을 위한 도담 / 경봉스님	4×6판	100쪽	3,500원
불성발현의 길 / 일타스님	4×6판	100쪽	3,500원
불교예절입문 / 일타스님	4×6판	100쪽	3,500원
일상기도와 특별기도 / 일타스님	4×6판	100쪽	3,500원
광명진언 기도법 / 일타스님·김현준	4×6판	100쪽	3,500원
병환과 기도 / 일타스님·김현준	4×6판	100쪽	3,500원
보왕삼매론 풀이 / 김현준	4×6판	100쪽	3,500원
행복을 여는 감로법문 / 우룡스님	4×6판	100쪽	3,500원
불자의 삶과 공부 / 우룡스님	4×6판	100쪽	3,500원
바느질하는 부처님 / 김현준 엮음	4×6판	100쪽	3,500원

육조단경(덕이본德異本) 증보개정판 / 김현준 역　　4×6배판 208쪽 8,000원
육조 혜능대사께서 설한 선종의 근본 경전으로, 인간의 참된 본성을 보게 하여 마음을 치유하고 깨달음을 열어줍니다. 계속 정독하면 영성이 깨어나고 대자유인이 될 수 있습니다. 증보개정판을 내면서 한글 번역 옆에 한자 원문을 붙여 뜻을 잘 이해할 수 있도록 하였으며, 글씨를 조금 더 크고 뚜렷하게 하여 읽기 좋도록 하였습니다.

선가귀감 / 서산대사 저 김현준 역　　4×6배판 136쪽 6,000원
조선시대 최고의 고승인 서산대사께서 선禪에 대한 다양한 가르침을 중심에 두고 참회·염불·계율·육바라밀·도인의 삶 등을 간절하게 설하여 불자들의 신심과 정진에 큰 도움을 주는 소중한 책입니다. 읽으면 읽을수록 쾌락함과 깊은 맛을 느낄 수 있습니다.　　　　　　　　　(한글 한문 대조본)

경봉·우룡큰스님의 스테디셀러

뭐가 그리 바쁘노(경봉대선사 일화집) / 김현준 엮음
삶! 이렇게 살아라, 좌절에 빠진 이들에게, 일상 속의 스님 모습 등 총 8장 73가지 일화를 담은 이 책 속에는 우리의 정신을 번쩍 깨어나게 하고 새로운 기운을 불러 일으키는 일화들을 비롯하여, 스님께서 제자·시자·신도·수행승들과 함께한 일상 생활 속의 참모습들이 생생하게 묘사되어 있습니다. 4×6판 180쪽 5,500원

참 생명을 찾는 경봉스님 가르침 / 김현준   신국판 192쪽 7,000원
경봉스님의 참 생명을 찾는 공부 방법과 도와 인생의 실체, 이 사바세계를 무대로 삼아 멋있게 사는 법 등을 다양한 이야기와 함께 엮은 책입니다..

도와 함께하는 행복과 성공 / 김현준 엮음   신국판 160쪽 6,000원
경봉대선사께서 행복은 어디에 있고 어디에 깃들며, 어떻게 할 때 성공하는가? 복 짓는 법과 성공에 있어 가장 필요한 것은 무엇인가를 설한 책입니다..

바보가 되거라(경봉스님 일대기) / 김현준 엮음   신국판 224쪽 8,000원

불교신행의 주춧돌 / 우룡스님   신국판 240쪽 9,000원
신행생활 속에서 자주 겪게 되는 시행착오를 미리 피하고, 올바른 정진을 하여 깨 달음의 세계로 나아가는데 꼭 필요한 마음가짐과 신행방법 등을 자상한 문체와 일화들로 알기 쉽게 엮었습니다.

정성 성誠이 부처입니다 / 우룡스님   신국판 240쪽 9,000원
'정성 성'이 부처요, 모든 것이 부처님 하는 일. 대우주와 하나되는 삶, 마음 단속과 마음 열기, 마음 다스리기, 번뇌와 업장을 비우는 방법 등을 쉽게 일러주고 있습니다.

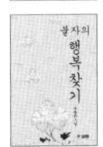
불자의 행복 찾기 / 우룡스님   신국판 190쪽 7,000원
우룡스님 설법의 결정판. ① 복 받기를 원하거든 ② 보시로 이루는 큰 복 ③ 아상과 무주상 ④ 행복과 기도의 총 4장으로 나누어져 있는 이 책을 읽다 보면 복 짓고 복 쌓고 복 받는 방법과 원리를 저절로 터득할 수 있게 됩니다.

신심으로 여는 행복 / 우룡스님   신국판 192쪽 7,000원
믿음과 기도, 신심을 키우는 방법, 신심 속에서 나타나는 가피와 성취, 윤회에 대한 믿음, 불성의 발현과 믿음, 가정과 나를 살리는 실천법 등이 수록되어 있습니다.

불자의 살림살이 / 우룡스님   신국판 160쪽 6,000원
참된 불자의 살림살이가 무엇인지, 특히 가족을 향한 참회와 복 짓는 방법, 평온을 얻고 지혜를 이루는 방법을 쉽고도 일목요연하게 설한 법문집입니다.

불교의 수행법과 나의 체험 / 우룡스님   신국판 160쪽 6,000원
염불 및 주력수행법, 기도를 잘하는 법, 경전공부의 방법, 참선 수행법, 수행과 업 장소멸, 수행정진의 비결 등을 스님의 체험을 예로 들면서 재미있게 엮었습니다.

알기 쉬운 경전 해설서

생활 속의 반야심경 / 김현준   　　　　　　　　　신국판 240쪽 9,000원
공(空)의 의미, 모든 괴로움의 원인과 괴로움에서 벗어나는 방법, 색즉시공 공즉시색의 참뜻, 걸림 없고 진실불허한 삶을 이루는 방법 등을 반야심경의 경문을 따라 쉽고 상세하고 재미있게 풀이하고 있습니다.

화엄경 약찬게 풀이 / 김현준   　　　　　　　　　신국판 216쪽 8,000원
불자들이 자주 독송하는 화엄경약찬게! 화엄경약찬게를 그냥 읽으면 참으로 어렵고 무슨 내용인지 알 수 없지만 이 풀이를 본 다음에 읽으면 약찬게를 명확히 파악할 수 있게 될 뿐 아니라 화엄경의 내용까지 꿰뚫어 환희심이 샘솟고 대화엄의 세계에서 노닐 수 있게 됩니다.

생활 속의 천수경 (개정판) / 김현준   　　　　　신국판 240쪽 9,000원
천수관음이 출현하신 까닭, 천수관음을 청하는 법과 가피를 얻는 법, 신묘장구대다라니의 풀이와 공덕, 찬탄의 공덕과 참회성취의 비결, 준제기도 및 주요 진언 속에 깃든 의미, 여래십대발원문 사홍서원 삼귀의 의미 등을 상세히 풀이하였습니다.

생활 속의 금강경 / 우룡스님   　　　　　　　　　신국판 304쪽 10,000원
금강경의 심오한 내용을 알기 쉽게 풀이하고 일상생활과 접목시켜 강설함으로써 삶의 현장에서 금강경의 가르침을 능히 응용할 수 있도록 하였고, 감동을 주는 일화들을 많이 삽입하여 재미를 더해주고 있습니다.

생활 속의 관음경 / 우룡스님   　　　　　　　　　신국판 240쪽 9,000원
관세음보살보문품인 관음경을 통하여 관세음보살의 본질, 일심칭명과 재난 소멸법, 공경 예배와 소원 성취법, 관세음보살을 관하는 법 등에 대해 여러 가지 영험담과 함께 감동적으로 풀이하고 있습니다.

생활 속의 보왕삼매론 / 김현준   　　　　　　　신국판 240쪽 9,000원
『보왕삼매론』을 해설한 이 책은 병고 해탈, 고난 퇴치, 마음공부와 마장 극복, 일의 성취, 참사랑의 원리, 인연 다스리기, 공덕 쌓는 법, 이익과 부귀, 억울함의 승화 등 누구나 인생살이에서 겪게 되는 장애들을 속 시원하게 뚫어주고 있습니다.

천지팔양신주경 사경 (1책으로 3번 사경)   　　4×6배판 112쪽 5,000원
옛부터 건축·결혼·출산·사업·죽음 등 평생의 삶 중에서 중요한 때마다 읽고 쓰면 크게 길하고 이롭고 장수하고 복덕을 갖추게 된다고 전해지고 있습니다.

부모은중경 사경 (1책으로 3번 사경)   　　　　4×6배판 112쪽 5,000원
부처님께서는 부모님의 은혜를 새기면서 이 경을 쓰게 되면 그 어떤 행보다 큰 공덕이 생겨난다고 하였습니다. 정성 들여 사경하면 뜻하는 바가 이루어집니다.

보왕삼매론 사경 (1책으로 50번 사경)   　　　4×6배판 120쪽 5,000원
보왕삼매론을 사경하면 재앙이 소멸됨은 물론이요 생활 속의 걸림돌이 디딤돌로 바뀌고 고난이 사라져 하루하루가 편안해집니다.

보현행원품 한글사경 (1책으로 3번 사경)   　4×6배판 120쪽 5,000원
행원품을 사경하면 자리이타의 삶과 업장 참회, 신통·지혜·복덕·자비 등을 빨리 이룰 수 있고 세세생생 불법과 함께하며 보살도를 성취할 수 있습니다.

약사경 한글사경 (1책으로 3번 사경)   　　　　4×6배판 112쪽 4,000원
약사경을 사경하면 약사여래의 가피가 저절로 찾아들어, 병환의 쾌차, 집안 평안, 업장소멸을 비롯한 갖가지 소원을 쉽게 성취할 수 있습니다.

영험 크고 성취 빠른 각종 사경집 (책 크기 4×6배판)

광명진언 사경 (가로쓰기:1080번 사경)　　　　128쪽　5,000원
광명진언 사경 (세로쓰기:1080번 사경)　　　　128쪽　5,000원
눈으로 보고 입으로 외우고 손으로 쓰고 마음으로 새기는 광명진언 사경은 크나큰 성취를 안겨줍니다.

금강경 한글사경 (1책으로 3번 사경)　　　　144쪽　6,000원
금강경 한문사경 (1책으로 3번 사경)　　　　144쪽　6,000원
금강경 한문한글사경 (1책으로 1번 사경)　　100쪽　4,000원
요긴하고 으뜸된 경전인 금강경을 사경해 보십시오. 업장소멸과 함께 크나큰 깨달음과 좋은 일들이 저절로 다가옵니다.

아미타경 한글사경 (1책으로 7번 사경)　　　116쪽　5,000원
살아 생전 또는 부모나 가까운 분이 돌아가셨을 때 이 경을 쓰면 극락왕생이 참으로 가까워집니다.

반야심경 한글사경 (1책으로 50번 사경)　　 116쪽　5,000원
반야심경 한문사경 (1책으로 50번 사경)　　 116쪽　5,000원
반야심경을 사경하면 호법신장이 '나'를 지켜주고, 공의 도리를 깨달아 평화롭고 안정된 삶이 함께 합니다.

신묘장구대다라니 사경 (50번 사경)　　　　116쪽　5,000원
대다라니를 사경하면 관세음보살님과 호법신장들이 '나'와 주위를 지켜주고 소원성취와 동시에, 행복하고 자비심 가득한 마음을 가질 수 있도록 해줍니다.

천수경 한글사경 (1책으로 7번 사경)　　　　112쪽　5,000원
천수경을 사경하고 독송하면 천수관음의 가피가 저절로 찾아들어, 업장 및 고난의 소멸과 갖가지 소원을 쉽게 성취할 수 있습니다.

관음경 한글사경 (1책으로 5번 사경)　　　　112쪽　5,000원
관음경을 사경하면 늘 행복이 함께하며, 학업성취·건강쾌유·자녀의 성공·경제 문제 등에도 영험이 매우 큽니다.

지장경 한글사경 (1책으로 1번 사경)　　　　144쪽　6,000원
지장경을 사경하고 독송하면 영가천도는 물론이요, 각종 장애가 저절로 사라지고 심중의 소원이 성취됩니다.

아미타불 명호사경 (1책으로 5,400번 사경)　160쪽　6,000원
'나무아미타불'과 '아미타불'을 오회염불법에 따라 외우고 쓰는 특별한 명호사경집입니다. 집중력을 더하여, 심중 소원 성취에 큰 도움을 줍니다.

관세음보살 명호사경 (1책으로 5천4백번 사경)
지장보살 명호사경 (1책으로 5천번 사경)　각 권 108쪽　5,000원
'관세음보살'이나 '지장보살'의 명호를 쓰면서 입으로 외우고 마음에 새기면, 관세음보살님과 지장보살님의 가피를 입어 몸과 마음이 큰 변화를 이루고, 마음속의 원을 능히 성취할 수 있습니다.

많이 찾는 기도 독송용 경전

한글『법화경』과『법화경 한글사경』

불교 최고 경전인 법화경! 이 경을 독송하고 사경해 보십시오.
소원성취는 물론 깨달음과 경제적인 풍요까지 안겨줍니다.

법화경 (독송용) 김현준 역　　　　　양장본　25,000원
　　　　　　　　　　　　　　　　　무선제본　전3권　총 22,000원
법화경 한글사경 김현준 역　4x6배판　총 25,000원
　　　　　　　　전5책 각권 120쪽 내외 권당 5,000원

지장경 김현준 편역　　　　　　　　　　4×6배판 208쪽 8,000원

이 책은 지장기도를 하는 분들을 위해　① 지장경을 처음부터 끝까지 1번 독송,
② '나무지장보살'을 천번염송,　　　③ 지장보살예찬문을 외우며 158배,
④ '지장보살' 천번 염송의 4부로 나누어 특별히 만들었습니다.
지장경 독경 및 지장보살예참과 염불을 할 때, 각 장 앞에 제시된 기도법에 따라
기도를 하면, 영가천도·업장소멸·소원성취·향상된 삶을 이룩할 수 있습니다.

자비도량참법 / 김현준 역　　　　　　　양장본 528쪽 25,000원

참되이 참회하시기를 원하십니까? 자비도량참법 기도를 하면 나의 허물과 죄업의
참회에서 시작하여 부모 스승 친척 등 육도 속을 윤회하는 온 법계 중생의 업장과
무명까지 모두 소멸시켜주며, 자비가 충만해지고 환희심이 넘쳐나게 됩니다.

원각경 / 김현준 편역　　　　　　　　　4×6배판 192쪽 8,000원

한국불교의 근본 경전인 원각경을 수십 차례 번역·수정·윤문하여 쉽게 이해할 수 있도록 하
였습니다. 한글과 원문을 바로 옆에 두어 대조하며 읽을 수 있습니다.

유마경 / 김현준 역　　　　　　　　　　4×6배판 296쪽 12,000원

보살의 병, 불도란 어떤 것인가? 깨달음의 세계로 들어가는 불이법문, 참된 불국토를 건설하는
방법 등등 매우 소중한 가르침들을 가득 담고 있는 이 경을 읽다보면 마음이 탁 트입니다.

승만경 / 김현준 편역　　　　　　　　　4×6배판 144쪽 6,000원

여인의 성불 수기와 함께 승만부인의 서원, 정법·번뇌·법신·일승·사성제·자성청정심·여
래장사상 등을 분명히 밝힌 보배로운 경전입니다.(한글 한문 대조본)

보현행원품 / 김현준 편역　　　　　　　4×6배판 112쪽 5,000원

행원품과 예불대참회문을 함께 실어 독경 후 행원품에 근거한 정통 108배를 행할 수 있도록
만들었으며, 독송 방법과 대참회의 의미 등도 상세히 설명하였습니다.

밀린다왕문경 / 김현준 편역　　　　　　신국판 204쪽 7,000원

그리스 왕인 밀린다와 불교 승려인 나가세나가 인생과 불교에 대해 대론한 것을 정리한 경전.
윤회·업·수행·지혜·해탈 등에 대한 조리정연한 번역이 신심을 더욱 불러일으킵니다.